VIDA CRISTÃ

A existência no amor

Coleção Tabor

Celebrar a Eucaristia: tempo de restaurar a vida –
Valeriano Santos Costa

Encontro com Deus na Liturgia – Valeriano Santos Costa

O ciclo da Páscoa: celebrando a redenção do Senhor –
Bruno Carneiro Lira

O ciclo do Natal: celebrando a encarnação do Senhor –
Bruno Carneiro Lira

Modelos bíblicos de oração: herança do Antigo Testamento na liturgia – Jordi Latorre

Tempo e canto litúrgicos – Bruno Carneiro Lira

Tríduo Pascal: espiritualidade e preparação orante –
Antonio Francisco Lelo

Vida cristã: a existência no amor –
Valeriano Santos Costa

Valeriano Santos Costa

VIDA CRISTÃ

A existência no amor

Dados Internacionais de Catalogação na Publicação (CIP)
(Câmara Brasileira do Livro, SP, Brasil)

Costa, Valeriano Santos
   Vida cristã : a existência no amor / Valeriano Santos
Costa. – São Paulo : Paulinas, 2014. – (Coleção tabor)

   Bibliografia
   ISBN 978-85-356-3802-8

   1. Deus – Amor   2. Fé   3. Valores   4. Vida cristã
I. Título.   II. Série.

14-07396   CDD-248.4

Índice para catálogo sistemático:
1. Vida Cristã : Cristianismo   248.4

1ª edição – 2014

Direção-geral: *Bernadete Boff*
Editores responsáveis: *Vera Ivanise Bombonatto e Antonio Francisco Lelo*
Copidesque: *Ana Cecilia Mari*
Coordenação de revisão: *Marina Mendonça*
Revisão: *Patrícia Hehs*
Gerente de produção: *Felício Calegaro Neto*
Ilustração de capa: *Gustavo Montebello*
Editoração eletrônica: *Jéssica Diniz Souza*

Nenhuma parte desta obra pode ser reproduzida ou transmitida por qualquer forma e/ou quaisquer meios (eletrônico ou mecânico, incluindo fotocópia e gravação) ou arquivada em qualquer sistema ou banco de dados sem permissão escrita da Editora. Direitos reservados.

Paulinas
Rua Dona Inácia Uchoa, 62
04110-020 – São Paulo – SP (Brasil)
Tel.: (11) 2125-3500
http://www.paulinas.org.br
editora@paulinas.com.br
Telemarketing e SAC: 0800-7010081
© Pia Sociedade Filhas de São Paulo – São Paulo, 2014

Sumário

Considerações iniciais 9

O NOVO SER FILIAL

A participação no amor filial de Jesus 17

    A solidez do amor...22
    A eleição no amor...28
    A felicidade enquanto promessa...31
    A separação de Ló..34
    A missão...37
    A justiça da fé..42

A IDENTIDADE FILIAL

Identidade numa sociedade líquida 47

    A identidade cristã...49

A EXISTÊNCIA FILIAL

Uma existência acima da lei 57

    O humor dos cristãos 65
    A modo de conclusão: o culto filial..72

Considerações finais 75

Referências bibliográficas..77

Considerações iniciais

Para contribuir com o aprofundamento da fé no momento atual, este estudo se apoia em dois focos. O primeiro é a solidez do amor de Deus, segundo a Escritura e a Tradição, que, na promessa feita a Abraão, fundamentam a obra de Cristo. Por isso Abraão tem especial relevo em nossa pesquisa. O segundo é a liquidez dos valores no mundo atual, segundo Bauman. É no contraponto desses dois focos que a vida cristã se apresenta como proposta de uma existência consolidada no amor de Deus, na contramão da "liquidez" do consumismo atual.

A capacidade operativa do amor de Deus na transformação do ser humano estabelece um processo em cuja dinâmica agem inseparavelmente duas metas salvíficas: a deificação[1] e a humanização. Parece paradoxo! No entanto, é compreensível, pois são duas metas integradas que resultam na síntese que Paulo chama de nova criatura: "Se alguém está em Cristo, é uma nova criatura" (2Cor 5,17). Se está em Cristo, está deificado; se é nova criatura, é plenamente humanizado. Tanto a deificação quanto a humanização é ação da fé agindo pelo amor (cf. Gl 5,6). Paradoxalmente, deificar é dar plenitude ao humano.

A deificação, como fruto da ação direta do amor que existe por si mesmo, é um dado completo por natureza, enquanto a humanização se dá na ação que se completa ao longo do tempo e do caminho, pois envolve a colaboração humana na dinâmica histórica que a deificação promove na pessoa. O amor de Deus tem existência real, e no Batismo realiza uma mudança ontológica, criando o *novo ser filial*. É por isso que o Batismo imprime caráter, ou seja, não pode ser repetido novamente. Assim também é com a Crisma, completa por si mesma, é um sacramento que se coloca teologicamente entre o Batismo e a Eucaristia. Portanto, a *existência filial*, fundada no ser *filial* adquirido pelo Batismo, se aperfeiçoa a cada dia. Isso significa que envolve a participação ético-moral

---

[1] A deificação é um conceito sólido da Teologia grega para expressar o dom que o amor de Deus gera na natureza humana e na existência da pessoa. Xavier Zubiri foi quem mais aprofundou o tema. Para conhecer esse estudo, ler: SAVELLI, Pedro. *Batismo e Eucaristia*; os sacramentos na perspectiva da deificação. São Paulo: Palavra & Prece, 2013. pp. 17-58.

e o agir em busca da identificação com o *ser filial*. Em outras palavras, é preciso caminho e tempo para a existência se aperfeiçoar no amor. Esta verdade tem milênios de história, pois remonta à Criação e está estampada em cada página da Bíblia, mas, infelizmente, o amor não tem sido um tema estudado com a relevância sistemática de outros temas da Teologia.

A deificação e a humanização têm como alvo o ser humano, independentemente de sua condição moral, sempre a partir do ponto comum: a sede de amor filial em busca da saciedade de sentir-se amado em plenitude. É o mesmo anseio que gera a busca de Deus. Foi nesse ponto comum que Deus tocou o coração de Abraão, despertando-o para iniciar o caminho da fé. Naquele momento, Abraão aceitou o desafio de uma promessa que se realiza no tempo e ao longo do caminho. Recebeu um toque de Deus que lhe possibilitou crer e caminhar por dias e noites aprendendo a existir como filho de Deus. Buscava ser pai, e Deus o fez filho, pois esta é a condição existencial de todo ser humano, e é nesta condição filial que encontramos a felicidade de existir. Isso não quer dizer que os seres humanos não devam ser pais e mães, chefes etc. Porém, a paternidade e a maternidade são fundadas na única paternidade de fonte: a paternidade divina. Para alguém amar enquanto pai e mãe, é preciso sentir-se profundamente amado como filho. Esse é o dom filial que nos vem da parte de Deus, o qual sustenta a capacidade de servir com amor, isto é, de dedicar-se com inteireza.

Então, só se alcança o dom do amor filial pela verdade da fé, que nos introduz no mistério da Santíssima Trindade, dando-nos uma nova *identidade filial*[2] pelo Batismo. Essa nova *identidade filial*[3] não é apenas um documento de identidade, mas é o reflexo do *ser filial*,[4] assumido de forma pessoal, a ponto de clamarmos *Abbá*, Pai, que é a palavra mais característica da experiência de Jesus e, ao mesmo tempo, o centro da experiência cristã.[5] Quando a experiência cristã chega ao eixo da intimidade com Deus Pai, *Abbá*, a vida de fé se torna uma *existência toda*

---

[2] Cf. PAPA FRANCISCO. *Carta encíclica Lumen fidei* (LF), n. 41. São Paulo: Paulinas, 2103.
[3] Cf. LF, n. 19.
[4] Cf. ibid.
[5] Cf. ibid.

filial.[6] Daí se modula um cristão de fato, *um novo cristo*, como os gentios de Antioquia chamaram os seguidores de Jesus.[7] Então os cristãos são transformados em novos *cristos*, depois de passarem por uma mudança ontológica, na qual adquirem *um novo ser filial* e assumem uma *identidade filial*, para viver uma *existência toda filial*. Por isso, o culto cristão é um *culto filial*.

Faz bem notar desde já que a moral cristã, com suas virtudes próprias, não é senão uma consequência assumida da mudança ontológica operada gratuitamente pela transmissão da fé. Nesse sentido, a pregação e a transmissão sacramental da fé não se ocupam em primeiro plano com os códigos morais da vida cristã, mas em anunciar e transmitir uma fé que "transforma a pessoa inteira, precisamente à medida que ela se abre ao amor".[8] Esse foi o evangelho que Paulo levou aos gentios: uma proposta empolgante de mudança de ser, para adequarem a existência a um novo padrão existencial, com sua nova moral. Em outras palavras, Paulo anunciou o amor de Deus e proporcionou o acesso à graça, a fim de que as pessoas pudessem existir de uma forma diferente e radicalmente nova. Então o *novo ser filial* gera uma nova *identidade filial*, que se abre a uma *existência toda filial*, refletida no culto filial da liturgia cristã. Essa é a nossa linha de raciocínio para descrever a vida cristã.

O segundo foco é o contexto global de liquidez de valores que marca o momento atual, gerando o ambiente líquido em que o cristão deve viver sua compacta existência filial, toda fundada no amor. A fé não pode ignorar a perplexidade do momento atual e o que isso significa para a vida das pessoas de qualquer parte do mundo. Não podemos fazer teologia como se estivéssemos fora de um mundo em que o *modus vivendi* da modernidade e pós-modernidade redundou em "vidas líquidas", segundo o sociólogo Bauman. É assim que ele define o conceito de vida líquida:

> A "vida líquida" é uma forma de vida que tende a ser levada adiante numa sociedade líquido-moderna. "Líquido-moderna" é uma sociedade em que

---

[6] Cf. ibid.
[7] "Ao criarem esta alcunha, os gentios de Antioquia tomaram o título de 'Cristo' (Ungido, Messias) por nome próprio": *Bíblia de Jerusalém*, nota *h*, referente a At 11,26.
[8] LF, n. 26.

as condições sob as quais agem seus membros mudam num tempo mais curto do que aquele necessário para a consolidação, em hábitos e rotinas, das formas de agir. A liquidez da vida e da sociedade se alimenta e se revigora mutuamente. A vida líquida, assim como a sociedade líquido--moderna, não pode manter a forma ou permanecer por muito tempo.[9]

Se não enfrentarmos essa situação, corremos o risco de esquecer que as pessoas vivem num contexto cultural em que a própria existência espiritual também pode ser considerada tão líquida como tudo o mais. Por isso nosso estudo mantém como referencial o roteiro espiritual do êxodo de Abraão, indicativo do processo da fé, que se fez caminho até Jesus Cristo. É algo que não pode ser mudado pela sociedade global, porque a cultura humana não tem autoridade para mudar os rumos da fé. Ao contrário, é a fé que vem em socorro da humanidade, que não somente não consegue manter relações sólidas, mas caiu na mais deprimente mixofobia[10] e xenofobia[11] de toda a sua história.

Bauman tem uma expressão chocante e dolorosamente pesada, mas real, para determinar a enorme quantidade de pessoas que a globalização descarta: *lixo humano*. Segundo o Alto Comissariado das Nações Unidas para os Refugiados, há entre 13 e 18 milhões de "vítimas de deslocamento forçado", vivendo em campos de refugiados ou imigrações sofridas.[12] O medo do desconhecido e do estrangeiro está desfigurando a arquitetura das cidades, com bolsões de pobreza e ilhas de ineficazes fortalezas. São tempos sombrios, segundo Bauman. Os grandes sonhos morreram e a utopia caiu na armadilha dos interesses privados.

Como tudo o mais que um dia esteve seguro nessa esfera, a utopia tornou-se o jogo e a presa dos que montam as armadilhas e dos caçadores solidários; um dos muitos espólios da conquista e anexação do público pelo privado. A grande visão social foi dividida numa multiplicidade de

---

[9] BAUMAN, Zygmunt. *Vidas líquidas*. 2. ed. revista. Rio de Janeiro: Zahar, 2009. p. 7.

[10] Neologismo de cunho sociológico para indicar a aversão, sobretudo nas grandes cidades, de se viver em ambientes onde se misturam várias categorias sociais de pessoas. O seu antônimo é mixofilia.

[11] Aversão a pessoas e coisas estrangeiras.

[12] Cf. BAUMAN, *Vidas líquidas*, cit., p. 164.

escaninhos privados, marcadamente semelhantes, mas decididamente complementares. Cada um deles é feito sob medida para a satisfação do consumidor – voltado, como todas as alegrias do consumidor, para o gozo individual e solitário, mesmo quando apreciado em conjunto.[13]

Quando Deus chamou Abraão para encetar o caminho da fé, não permitiu que partisse só, pois esse caminho, embora se inicie com um chamado pessoal pelo nome, é essencialmente comunitário. A existência cristã não é um quesito a mais de consumo, mas um *modus vivendi* que integra a relação pessoal e comunitária da fé, pois esta, apesar do chamado pessoal, só pode ser vivida junto com outros, não somente enquanto companhia material, como funciona no sistema de consumo atual, mas como comunhão de vida, sustentada na fé. É preciso tempo e caminho, e a velocidade mais atrapalha que ajuda. O caminho de Abraão foi uma educação a respeito das demoras de Deus, pois é preciso acatar o tempo da promessa, coisa que uma cultura líquida abomina. Neste contexto, o amor também se fez líquido, os laços se derreteram, as amizades não duram muito e a promoção do divórcio se tornou uma das atividades mais rentáveis. Porém, o saldo de dor e infelicidade está sendo jogado para debaixo do tapete, pois os próprios filhos estão imersos numa cultura que não vê futuro nem durabilidade nas relações humanas. Tempos sombrios e desafiadores!

Por outro lado, é em meio às trevas de vidas líquidas que apresentamos o amor de Deus como contraponto ao caos. Vidas líquidas são vidas sem chão (cosmo) e sem rumo. Essa vida sem subida está gerando depressão, uma onda atual. Este estudo visa mostrar que o amor de Deus é a realidade mais sólida que o ser humano pode conhecer e acolher gratuitamente. Só o amor de Deus tem uma verdade que subsiste à ação destruidora do tempo. É nessa verdade que está fundada a vida cristã. E não é por imposição que mostramos a verdade do amor, mas é amando que o fazemos e deixamos que o interlocutor perceba que a vida cristã cria relações que resistem ao tempo. Nada melhor para provar a verdade que nos dá condições de amar e comprovar que a felicidade é o anseio mais profundo do cristão.

---

[13] Ibid., p. 195.

O NOVO SER FILIAL

Ó Deus [...],
despertai na vossa Igreja o espírito filial, para que,
inteiramente renovados,
o sirvamos de todo o coração.

(Oração do dia da Vigília Pascal)

A participação no amor filial de Jesus

Servir ao próximo não está na natureza humana, pois é um chamado estrutural da vida cristã. Servir é dom de Deus; faz parte da essência divina. Esse mistério foi revelado pela Escritura, fonte principal da autorrevelação de Deus. Nela há uma definição de Deus que nutriu a fé e levou os primeiros cristãos a refazerem de forma mística o caminho de Abraão, quando ainda não estavam clareados a comunhão das Pessoas divinas, as duas naturezas de Cristo e o papel do Espírito Santo, o que ocorreu nos séculos IV e V, nos concílios de Niceia (325), de Constantinopla (381) e de Calcedônia (451). A frase mais significativa da Teologia é composta apenas de três palavras: *Deus é amor*. Ela aparece de forma explícita em duas passagens da Primeira Carta de São João: 4,8 e 4,16.

Levando em consideração o que os concílios ensinaram, é preciso reler a fonte bíblica e reconhecer que a Tradição também se estruturou e continua sua missão dinâmica através dos séculos, em torno da fé em Deus-Amor. A liturgia, com seus fundamentos bíblicos, aposta num Deus que vive e garante a plenitude da vida por meio da participação no amor filial de Jesus.[1] É o que faz da existência cristã uma proposta tão atraente a todos os povos.

Nessa perspectiva, podemos ensaiar uma definição ampla da vida cristã: é o modo de viver – *modus vivendi* – dos que acreditam na promessa de vida plena[2] que Deus fez a Abraão e que cumpriu pela oferta gratuita do seu amor paternal, realizada por meio da pessoa e da obra de

---

[1] O Missal Romano contém muitas orações que pedem insistentemente a graça do ser filial para toda a Igreja; A Bíblia, sobretudo, nos escritos paulinos, explica que se trata da filiação adotiva.

[2] "Eu vim para que todos tenham vida, e a tenham em abundância" (Jo 10,10).

Jesus Cristo,[3] de quem recebemos o amor filial que nos dá a possibilidade autêntica de felicidade neste mundo e na eternidade.[4]

A felicidade humana consiste na participação no mesmo amor filial de Jesus, a quem o Batismo nos configura sacramentalmente, para adquirirmos o dom relacional trinitário a partir da pessoa do Filho. Trata-se da realização da promessa de amor, que Agostinho via como um elo de fidelidade entre Deus e o homem: "O homem fiel é o que acredita em Deus que promete; Deus é fiel oferecendo ao homem o que prometeu".[5] O que une o Deus que promete e o homem que acredita na promessa é um dom de amor que existe desde sempre e constitui a felicidade eterna que reina entre as pessoas divinas: o amor do Pai (amor paternal) e o amor do Filho (amor filial), na comunhão do Espírito Santo, o Amor em si. É um amor pessoal, pois tanto no Pai quanto no Filho e no Espírito tem sua configuração própria. No Pai é um amor de fonte; no Filho é um amor ardente de resposta; no Espírito Santo é o amor de comunhão, Amor que está no Pai e no Filho, fazendo que o Pai esteja todo no Filho, e o Filho todo no Pai.

O amor do Filho pode ser comparado também ao rio em busca do mar. O rio leva a vida aonde vai, mas só existe porque tem sua fonte. Visitar a fonte do rio é um momento de encantadora beleza. É deslumbrar de uma só vez o mistério que o rio revela aos poucos. Traduz uma sensação de se ter atingido a origem da vida. É que a fonte jorra sem cessar e sem jamais requerer suas águas de volta; o rio corre distribuindo generosamente as águas, partilhando o que recebe de graça.

Essas imagens não passam de metáforas que ajudam a buscar o sentido teológico do amor divino na vida humana e o vínculo poderoso

---

[3] Para melhor aprofundar a natureza do amor de Deus e sua concretude, enquanto realização em nossa vida, ler: COSTA, Valeriano Santos. *O amor de Deus*; teologia da redenção. São Paulo: Palavra & Prece, 2012.

[4] O Papa Francisco diz que essa promessa de felicidade se realiza porque Deus é capaz de agir no mundo: "Se assim não fosse, [...], o seu amor não seria verdadeiramente poderoso, verdadeiramente real e, por conseguinte, não seria sequer verdadeiro amor, capaz de cumprir a felicidade que promete". PAPA FRANCISCO. *Carta encíclica Lumen fidei*, n. 17. São Paulo: Paulinas, 2013.

[5] Enarrationes in psalmos 1-50.32.II, s. 1,9. *Comentários aos salmos (Enarrationes in psalmos) salmos 1-50*. São Paulo: Paulus, 1997, p. 93.

da fé, capaz de mover montanhas.[6] Ajudam também a clarear a dimensão psíquica do amor filial na rede das relações humanas, vocação para a fraternidade. Como não existe rio sem fonte, também não existe amor fraterno que não seja a consolidação do amor filial sustentado pelo amor paternal. Teologicamente, ser pai significa amar sem medida (amor de fonte); ser filho, sentir-se amado num amor consolidado (amor de resposta). Traduzindo para a realidade humana, psiquicamente é assim que funciona a relação filial. Já o aspecto paterno-materno no ser humano é muito complexo, pois nossa natureza é filial. Nesse sentido, ser pai e mãe é um ministério que supõe a graça. Portanto, adiantamos desde já que a existência filial é a forma de existir de quem se sente profundamente amado por Deus. É base da vida cristã.

Somente a deificação da natureza humana pela pessoa e pela obra de Jesus pode colocar o ser humano num patamar de confiança em Deus que representa a integração entre a fonte e o rio. Seria a expressão da fé que move montanha, imagem da condição psíquica disseminada de amor. Não é um amor qualquer, mas o amor de Deus Pai, a fonte do amor. Isso só pode ocorrer porque o amor paternal, atribuído exclusivamente a Deus Pai, e o amor filial, tido como resposta exclusiva do Filho, nos associam, pela graça, ao mesmo dinamismo que reina em Deus. Diz o Papa Francisco, ao comentar os escritos de Paulo: "Aquele que acredita, ao aceitar o dom da fé, é transformado em uma nova criatura, recebe um novo ser, um ser filial, torna-se filho no Filho: 'Abbá, Pai' é a palavra mais característica da experiência de Jesus, que se torna centro da experiência cristã" (cf. Rm 15).[7]

Somente em Cristo temos acesso ao Pai, por meio do amor filial que consolida a relação do Filho com o Pai. Ao vivermos como filhos no Filho, chegamos à imitação perfeita de Jesus, que, quando se dirigia ao Pai, o fazia com a ternura de uma criança e o encanto juvenil de quem se sente profundamente amado: *Abbá*, Pai! Sua oração traduzia a beleza de um encontro entre Pai e Filho que deixava os discípulos admirados

---

[6] "Se tiverdes fé, sem duvidar, fareis não só o que eu fiz com a figueira, mas até mesmo se disserdes a esta montanha: 'Ergue-te e lança-te ao mar', isso acontecerá" (Mt 21,21).

[7] PAPA FRANCISCO, op. cit., n. 19.

e desejosos de rezar com a mesma intimidade. Antes da criação, o Pai estava voltado para o Filho, e o Filho para o Pai, na comunhão do Espírito; agora o Pai é também nosso, o *Pai nosso*, pois vivemos em tempo de adoção filial, quando uma multidão de crentes volta-se ao Pai, por meio de Cristo, num só coração, dom de amor total. Então, o olhar de Jesus ampliou-se a partir da criação, pois a vida eterna que estava voltada para o Pai, agora se voltou para nós também (cf. 1Jo 1,2). Porém, a comunhão de amor que constitui a essência da Igreja só existe na comunhão com o Pai e com o seu Filho Jesus Cristo (cf. 1Jo 1,3). Como dissemos, a comunhão se dá no Amor em si, o Espírito Santo. Comunhão com o Pai, porque é a meta final do amor, o porto aonde se deve chegar, e com o Filho, porque é o único Mediador.[8] No Antigo Testamento, Moisés era o prenúncio dessa mediação, embora imperfeita, já que somente ele era capaz de ver o rosto de Deus. No rosto iluminado de Moisés o povo via um *sinal* de Deus. Na linha dos sinais progressivos do caminho da fé, João usa duas formas de expressar a fé no Cristo: crer *a* Jesus e crer *em* Jesus.[9] A primeira forma reflete mais admiração que compromisso (cf. Jo 6,30); significa dar crédito. A segunda reflete a entrega total por uma adesão plena (cf. Jo 2,11; 6,47; 12,44). Nesse sentido podemos dizer que o povo cria a Moisés e não em Moisés. Ao passo que o itinerário da fé nos leva a crer em Jesus, isto é, à entrega ao seu amor, que não é só um sinal do rosto de Deus, mas o próprio rosto de Deus, em que contemplamos todo o amor que o Pai nos dá de forma gratuita. No semblante de um rosto marcado pela dor da agonia da hora da cruz, os evangelistas indicam o ponto máximo em que a humanidade pode vislumbrar a imensidão do amor divino. Apesar da dor, o rosto macerado pela morte não perdeu a serenidade e não deixou de comunicar amor. É por isso que só o Amor pode nos salvar, e a fé é tão fundamental. Nossa porta de acesso à Trindade é o Filho,[10] encarnado com o nome de Jesus – Deus salva –, a quem somos associados pelo Batismo e de quem recebemos por participação mística o mesmo ser que caracteriza sua relação com o

---

[8] A noção de fé como um é como a *Lumen fidei*, do Papa Francisco, aborda a questão.
[9] Cf. LF, n. 18.
[10] "Eu sou a porta. Se alguém entrar por mim, será salvo; entrará e sairá e encontrará pastagem" (Jo 10,9).

Pai. Esse dinamismo é traduzido na Teologia paulina com a expressão "filiação adotiva".

Ao longo desta reflexão nos propomos provar que a concretude e a eficácia do amor de Deus Pai na vida humana possibilitam relações humanas tão sólidas, fluentes, duradouras e seguras, que são capazes de enfrentar a fragilidade das relações humanas, no contexto atual, descritas criticamente por Bauman como "amor líquido".[11] O próprio Bauman considera que vidas líquidas não são felizes. A liquidez das relações humanas tem paralelo com a liquidez do dinheiro, atualmente representado muito mais pelos cartões de crédito e débito, usados para satisfazer os desejos imediatos de consumo, o que não se pode fazer com os bens sólidos. É preciso de tempo e esforço para convertê-los em dinheiro. Essa mentalidade afetou as relações humanas, derretendo os vínculos, como se tudo repentinamente virasse água. O amor de Deus é tão sólido, que nenhuma cultura pode derretê-lo, e é ele que sustenta a solidez das relações humanas. Na verdade, a tão propalada cultura moderna, chamada por Bauman de cultura líquida, nada mais é do que o reflexo de uma deslavada idolatria do consumo, sem se preocupar com as consequências desastrosas para a vida e a história da humanidade.

Ainda é importante observar que a integração entre o amor do Pai e o amor do Filho na vida humana é possível pelo duplo viés da fé. De um lado, ela traduz a fidelidade de Deus, que ama sem cessar, e, do outro, a fidelidade do homem que confia no amor de Deus sem duvidar.[12] Por isso, tanto Deus quanto o crente é chamado de *fiel*. A Aliança é a demonstração desse duplo viés da fé, como a fonte que sustenta o rio. Como já dissemos, para Agostinho, "o homem fiel é o que acredita em Deus que promete; Deus é fiel oferecendo ao homem o que prometeu".[13]

---

[11] BAUMAN, Zygmunt. *Amor líquido*; sobre a fragilidade dos laços humanos. Rio de Janeiro: Zahar, 2004.

[12] Cf. LF, n. 10.

[13] Enarrationes in psalmos 1-50.32.II, s. 1,9, cit.

A solidez do amor

O novo ser filial é o ser recriado no amor. No bojo desta afirmação, está uma pergunta e sua resposta. A pergunta é: Cremos realmente no Amor, entendido como a essência de Deus e como fonte de toda relação amorosa que nos envolve totalmente a ponto de transformar todo o nosso ser, nossa forma de pensar e agir, nossas ideias, nosso imaginário e nosso mundo psíquico-afetivo e nossa vida social? A resposta vem sendo dada por dois milênios de história cristã e foi pontualmente explicitada pela Carta encíclica *Lumen fidei*, em seu primeiro capítulo, cujo título é "Acreditamos no amor",[14] fazendo referência à Primeira Carta de João, 4,16.

Então, essa pergunta já tinha sido respondida pelo evangelista, que, não só compreendeu a dinâmica do amor na vida dos seguidores de Jesus, mas também intuiu uma eclesiologia fundamentada no amor. Porém, não é tão fácil crer no amor, enquanto um *ser* concreto, ou seja, dom de Deus que se dá gratuitamente. Aí está, talvez, um dos pontos mais provocantes da fé, diante de um mundo racionalista e, ao mesmo tempo, consumista. O racionalismo colocado a serviço do consumo, ou seja, dos impulsos de consumir e descartar, produziu o que Bauman chama de modernidade e pós-modernidade líquidas.

Há algumas décadas, quando não era tão clara a liquefação dos valores e dos laços sólidos nas relações humanas, Zubiri[15] já levantava essa questão, perguntando se de fato acreditamos na solidez e na concretude do amor de Deus, mostrando assim a coragem de um pensador cristão que não se omitiu, mas contribuiu para a reflexão teológica contemporânea. Ao atribuir ao amor, escrito no grego do Novo Testamento com a palavra *agape*, a condição metafísica, o que implica que tem ser próprio e subsistência por si mesmo, Zubiri oferece um dado teológico de suma importância e que precisa ser urgentemente associado à pastoral. Portanto, para ele, o amor de Deus não é uma metáfora, mas um dom concreto que recebemos gratuitamente de Deus Pai, por meio de Jesus, para transformar o nosso ser.

---

[14] LF, n. 8.

[15] ZUBIRI, Xavier. *Naturaleza, historia, Dios*. 13. ed. Madrid: Alianza Editorial/Fundação Xavier Zubiri, 2007.

Vida plena é um conceito que tem inteireza segundo o Evangelho do Amor. Para quem vive numa cultura sem um horizonte de totalidade e sem projetos sustentáveis para alcançá-lo, a vida é simplesmente uma associação de fragmentos ou um escorrer líquido que pretende responder pelo prazer imediato, sem dar uma visão do todo e sem projetar um caminho viável com metas reais. Nesse contexto, o amanhã fugiu do controle, restando apenas a perplexidade. Não pode haver vida plena sem a base sólida do passado, o desafio do presente e a esperança do futuro. Quando se perde esse elo construtivo do tempo, as gerações vão ficando órfãs de futuro e a vida torna-se, cada vez mais, um instante fugidio que compromete totalmente a felicidade, que é por natureza um caminho luminoso. É aí que entra a fé, instrumental sem igual de ajuda ao ser humano para encontrar o sentido da vida e descobrir a consistência do tempo. São Justino, para convencer Trifão de que a fé em Cristo é mais poderosa do que o sol, afirma: "É que a palavra da sua verdade é mais abrasadora e luminosa do que o poder do sol, e penetra as profundidades do coração e da inteligência".[16] Também é preciosa esta afirmação do Papa Francisco: "A fé é um dom gratuito de Deus, que exige a humildade e a coragem de fiar-se e entregar-se para ver o caminho luminoso do encontro entre Deus e os homens, na história".[17]

A palavra grega *agape* traduz o conceito sobre a essência de Deus e o dom do próprio Deus à natureza humana: o amor redentor que opera a salvação que Cristo nos trouxe com o seu mistério pascal. Ainda sobre a concretude do amor divino, Zubiri diz:

> Ao longo de todo o Novo Testamento se discorre a ideia de que Deus é amor, *agape*. A insistência dessa afirmação tanto em São João (Jo 3,31; 10,17; 15,9; 17,23-26; 1Jo, 4,8) como em São Paulo (2Cor 13,11; Ef 1,6; Cl 1,13 etc.) e a energia especial com que se emprega o verbo *ménein*, permanecer ("permanecei no meu amor"), são um bom indício de que não se trata de uma vaga metáfora, nem de um atributo moral de Deus, senão de uma caracterização metafísica do ser de Deus.[18]

---

[16] JUSTINO DE ROMA. *Diálogo com Trifão,* 121, 1. São Paulo: Paulus, 1995. p. 295.

[17] LF, n. 15.

[18] ZUBIRI, op. cit., pp. 463-464 (Obs.: as traduções feitas nesta obra das citações de Xavier Zubiri são livres.)

Ao reconhecer a consistência metafísica do amor de Deus, Zubiri está afirmando que não se trata de um amor abstrato, cuja existência ontológica não poderia ser constatada, mas de um amor concreto e real, doado pela misericórdia de Deus e acolhido no coração humano de forma objetiva. Se não fosse assim, o amor de Deus seria apenas um chavão para efeito de linguagem e não algo que se pede e se acolhe, a ponto de se poder constatar sua presença transformadora na vida da pessoa e na história da humanidade.

Em toda a história da espiritualidade e mística cristãs, quem se encontrou com o amor de Deus encontrou sua vocação e se encontrou como pessoa. Paulo e Agostinho são exemplos típicos. Mas gostaríamos de salientar a figura de Teresa de Liseux, doutora da Igreja, exatamente porque expressou e viveu o significado que o amor de Deus imprime em nossa experiência de fé. Torturada por um desejo profundo de ser tudo na Igreja, inclusive mártir,[19] e, ao mesmo tempo, vendo-se limitada ao interior de um Carmelo, onde a vocação contemplativa se sobrepõe à vida ativa apostólica, Teresa busca uma resposta incansavelmente, a ponto de se sentir martirizada por tal busca: "Na hora da oração, fazendo-me estes desejos sofrer um verdadeiro martírio, abri as epístolas de São Paulo, a fim de procurar alguma resposta".[20] Assim, Teresa encontra sua resposta na Primeira Carta de Paulo aos Coríntios, capítulo 12, enquanto provocação, e no capítulo 13, enquanto resposta. Provocação porque Paulo diz

---

[19] "Sinto-me com a vocação de GUERREIRO, de PADRE, de APÓSTOLO, de DOUTOR, de MÁRTIR. Enfim, sinto a necessidade, o desejo de realizar por ti, Jesus, todas as obras mais heroicas... Sinto em minh'alma a coragem de *um cruzado*... Quisera morrer sobre um campo de batalha, pela defesa da Igreja... Sinto em mim a vocação de *SACERDOTE*. Com que amor, ó Jesus, eu te traria em minhas mãos, quando, à minha voz tivesses descido do Céu... Mas ah! Embora desejando ser *Sacerdote*, admiro e invejo a humildade de São Francisco de Assis, e sinto a vocação de imitá-lo, recusando a sublime dignidade do sacerdócio... Apesar de minha pequenez, quisera esclarecer as almas como *os Profetas, os Doutores*, tenho a vocação de ser *Apóstolo*... Quisera percorrer a terra, pregar teu nome e implantar no solo infiel tua Cruz gloriosa. Mas, ó meu *Bem-Amado*, uma só missão não me bastaria. Quisera, ao mesmo tempo, anunciar o Evangelho nas cinco partes do mundo e até nas ilhas mais afastadas... quisera ser missionária, não somente durante alguns anos, mas quisera tê-lo sido desde a criação do mundo e sê-lo até a consumação dos séculos... Quisera, sobretudo, ó meu Bem-Amado Salvador, derramar meu sangue, por ti, até à última gota... O *Martírio*, eis o sonho da minha juventude". SANTA TEREZA DO MENINO JESUS. *Manuscritos autobiográficos*. Trad. Carmelo do I. C. de Maria. Cotia: 1960, pp. 244-245.

[20] Ibid., p. 247.

que ninguém pode ser tudo ao mesmo tempo, já que a Igreja é um corpo de muitos membros, com sua função determinada. No capítulo 13, especificamente, no hino ao amor, Deus se mostrou, fazendo-a compreender o mistério do amor. Era a resposta a todas as suas inquietudes. O hino ao amor, joia espiritual e literária de Paulo, marcou a história de uma alma que o mundo nunca mais esqueceu. Diz a própria Teresa:

> Encontrei, enfim, o repouso... Considerando o corpo místico da Igreja, não me reconheci em nenhum dos membros descritos por São Paulo, ou antes, queria reconhecer-me em todos... A *Caridade* deu-me a chave da minha vocação. Compreendi que se a Igreja tinha um corpo, composto de diferentes membros, não faltava o mais necessário, o mais nobre de todos. Compreendi que a Igreja *tinha um Coração*, e que este coração era ardente de AMOR. Compreendi que só o *Amor* fazia agir os membros da Igreja e que se o *Amor* viesse a se extinguir, os Apóstolos não anunciariam mais o Evangelho, os Mártires recusariam derramar seu sangue... Compreendi que o AMOR ENCERRA TODAS AS VOCAÇÕES, QUE O AMOR É TUDO, ABRAÇA TODOS OS TEMPOS E TODOS OS LUGARES... EM UMA PALAVRA, QUE ELE É ETERNO!...[21]

Foi esse encontro inusitado com o Amor, ensaiado na ânsia incansável da procura, que possibilitou a Teresa ultrapassar os muros do Carmelo sem sair de lá. Assim ela chegou ao coração do povo, que a amava tanto e acreditava em seus dons de santidade, que apressou sua canonização. Ela nasceu em 1873 e foi canonizada em 1925, pouco mais de duas décadas após sua morte.

Dissemos que o amor de Deus, acolhido em nosso ser, opera a salvação, fazendo da pessoa de fé uma nova criatura. O verbo operar lembra um movimento de transformação, como uma verdadeira cirurgia que retira aquilo que está deformando o ser. Não é preciso ser psicólogo para entender que os sentimentos de rejeição assimilados na estrutura psíquica provocam todo o tipo de sofrimento psíquico. Essa forma de compreensão da realidade humana deveria ser um forte aparato contra os julgamentos morais e resistências ao perdão. Assim, os linchamentos teriam fim e a primavera se instalaria, substituindo o inverno frio das

---

[21] Ibid., pp. 246-247. (Obs.: os termos em maiúsculo e os espaços são da tradução do original.)

relações sem amor pela natureza aquecida que o amor, como o sol, provoca no mundo. Mas, enquanto o ser humano não acolher o amor real e transcendental de Deus, terá dificuldade de experimentar a primavera da bondade, mesmo que esteja dentro de claustros ou na linha de frente dos ministérios eclesiais. Um olhar de coragem deve, em nossos tempos, não ter medo de reconhecer a dura realidade representada pelas pessoas infelizes que aumentam os cadastros das nossas instituições religiosas. Infelicidade e espírito missionário não combinam e deixam a pessoa sem chão.

Com Teresa de Lisieux, é preciso descobrir que o amor é a vocação de todo ser humano e que o cristão deveria, por natureza, ser um exemplo de alegria para o mundo. Paulo, Agostinho, Teresa de Lisieux e tantos outros profetas e doutores da Igreja deixaram em suas vidas e escritos o memorial do encontro com o Amor. Quando Teresa chama o Cristo de *Bem-Amado*, não está senão fazendo Teologia e ensaiando a eclesiologia do amor. Paulo chamava, por vezes, o Senhor Jesus de o *Amado* (Ef 1,5). Teologia perfeita! O Pai é o que ama, o Filho é o Amado. Então o amor do Filho é amor filial, e o amor do Pai é paterno--maternal, isto é, amor de fonte, amor gerador de vida. Na estrutura humana, quis o Criador dividir a imensidão desse amor entre pai e mãe, mas em Deus o amor tem amplitude total.

Já o amor que o Filho recebe eternamente é o que o torna um rio caudaloso de amor, mas é específico; é amor filial, ou seja, amor de resposta. Esse tipo de amor só pode existir quando o filho se sente amado. Então, responde ao Amor com amor. Um filho que não se sente amado, seja porque o amor paterno-materno não existe, seja porque, de algum modo, está bloqueado ao amor e, como uma esponja que não absorve água, nunca terá condições de amar os outros. Portanto, o amor, para nós, não é uma condição moral, mas existencial. Ao confessar que não amamos, estamos afirmando que o amor de Deus encontra em nós dificuldade de agir e expandir o nosso ser. Quer dizer também que não conseguimos chamar a Deus Pai de *Abbá*, pois, para isso, é preciso ser como as crianças, as verdadeiras herdeiras do Reino: "Em verdade vos digo que, se não vos converterdes e não vos tornardes como as crianças, de modo algum entrareis no Reino dos Céus" (Mt 18,3). Então não há chance de adentrar o Reino (de modo algum), senão por meio da conversão que nos leva, ao modo de Jesus, à intimidade representada pela oração *Abbá*, Pai.

Em nós o amor filial é natural e sempre desejado. Já o amor paternal, teologicamente só existe em Deus Pai: "A ninguém na terra chameis Pai, pois só tendes o Pai Celeste" (Mt 23,9). Com certeza, o termo Pai se refere ao termo *Abbá*. A rigor, só Deus Pai não tem natureza filial. Todos os pais e mães da terra são de natureza filial, pois, antes de serem pais e mães, são filhos. Precisam do suporte psíquico de amor filial, isto é, precisam sentir-se amados. O Pai eterno nunca precisou sentir-se amado, pois ele mesmo é a fonte do amor. Ao passo que filhos mal-amados são candidatos a péssimos pais e arrastam a vida do jeito que dá. Por isso, Jesus é o *Bem-Amado*, nosso modelo, projeção da perfeição do amor filial, tão almejado por todos os seres humanos. É nas curvas da vida, onde desaparece o todo do caminho, que as idolatrias nos aguardam com falsas promessas e propagandas enganosas de felicidade. Israel tinha tudo para ser feliz, mas facilmente caiu nas malhas do politeísmo, tentando assegurar-se na idolatria. "Quem não quer confiar-se a Deus deve ouvir as vozes dos muitos ídolos que lhe gritam 'Confia-te a mim'".[22] É por isso que a Igreja em sua oração litúrgica não pede o amor paternal, mas filial, como podemos observar na oração do dia da noite pascal: "despertai em vossa Igreja o espírito filial".

Como se pode ver na história de Israel, há sempre o perigo da idolatria. Em vez do todo de um caminho, começa a parecer uma oferta de uma multidão de veredas que se propõem a adiantar a chegada, que nunca é breve num caminho longo. A diferença do chamado de Deus é que este se faz pelo ouvido – *ex auditu* –, conforme o conceito paulino, mas também pela visão do rosto de Deus, que é luminoso em Jesus Cristo. A síntese entre o ouvir do chamado e a visão do caminho dá a orientação fundamental que unifica a existência da pessoa. Os ídolos, ao contrário, falam muito, mas não têm rosto. O dinheiro, por exemplo, tem eloquência, mas não tem rosto. O Papa Francisco gosta de uma afirmação de Martin Buber, dada pelo rabino Kock: "Há idolatria, 'quando um rosto se dirige

---

[22] LF, n. 13.

reverente a um rosto que não é rosto'".[23] Pode-se, portanto, viver em função de falsas promessas, tais como a projeção de felicidade em bens materiais, poder ou experiências de prazer sem lastros sustentáveis. No entanto, o pior é perder a capacidade de esperar e a energia de construir no presente. Queimar etapas que garantiriam a solidez dos relacionamentos nunca foi uma boa medida para a felicidade das pessoas. A natureza líquida das relações está deixando um saldo muito grande de depressão, que é um estado agravado da infelicidade.

Toda espiritualidade que não conecta a vida eterna com a felicidade presente não corresponde à verdade da fé cristã. A Vida eterna para João é o próprio Cristo, que estava voltado para o Pai e que nos apareceu (cf. 1Jo 1,2). Estar voltado para o Pai corresponde à realidade eterna do Filho enquanto o Amado do Pai. O amor de Deus Pai pelo Filho único o gera e o atrai eternamente. Por isso, o Pai é eternamente voltado para o Filho, e este é eternamente voltado para o Pai. Mas uma inédita decisão de amor trinitário fez o Filho aparecer entre nós e, sem dar as costas ao Pai, voltar-se também para nós. E no olhar do Filho, o Pai também se volta para nós e nos atrai infinitamente com seu amor. Então, em Cristo, a comunhão da humanidade com Deus Pai passou a nos integrar na experiência de amor da Santíssima Trindade. Nasce a eclesiologia do amor, a eclesiologia do discípulo amado.

A eleição no amor

A eclesiologia do amor estava nos planos de Deus desde sempre. Paulo, quando escreveu aos Efésios, estava tocado por esse mistério, a ponto de começar com o hino das seis bênçãos que compõem o plano divino da salvação. As seis bênçãos retratam uma grande história de amor. Interessa-nos agora a primeira bênção: a eleição no amor.

Fomos eleitos por Deus Pai, antes da fundação do mundo, para sermos "santos e irrepreensíveis diante de Cristo no amor" (Ef 1,4). É a bênção original que contempla todo ser humano, sem exclusão, e não implica a ideia de virtude moral, mas pura gratuidade da parte de Deus. Ela

---

[23] BUBER, Martin. *Die Erzählungen der Chassidim* (Zurique, 1949), 793, citado por LF, n. 13.

é mérito do mistério pascal de Cristo, pois é diante dele que nos tornamos santos e irrepreensíveis no amor. Se o pecado original trouxe uma falha moral, é preciso reconhecer que a eleição no amor é uma bênção mais original do que o pecado. Quando Cristo apareceu entre nós, a bênção original retomou o seu lugar na reconstrução da vida. Então, permanecer no amor é a única alternativa que se contrapõe a permanecer no pecado. Devemos considerar que o pecado não tem consistência metafísica, ao passo que o amor sim. O que caracteriza o pecado é o não ser, um vazio de ser. Por isso só o amor nos salvará.

Ao dizer "permanecei em meu amor" (Jo 15,9), Jesus está dizendo que a eclesiologia do amor tem a porta de entrada da cristologia do amor. Não se permanece em Cristo, senão como um galho num tronco. Portanto, não se trata de uma questão moral, mas existencial. Um galho enxertado produz fruto bom, não porque é bom ou mau, mas porque está numa condição em que é extensão do tronco bom. Se o mesmo galho for enxertado num tronco ruim, vai produzir frutos amargos, inevitavelmente. Dessa forma, a encruzilhada da vida nos coloca diante de duas opções, com consequências radicais: permanecer no amor de Deus ou permanecer no pecado.

O amor de Deus é metafísico, isto é, tem uma consistência que preenche a vida e a felicidade. Na parábola do filho pródigo, vemos de forma clara como o amor de Deus incluiu novamente um filho desorientado e rebelde na bênção original, pois ele se excluíra ao tomar sua parte da herança e partir em busca da *felicidade* por conta própria. Houve desperdício total, o que gerou uma crise tão profunda que o fez voltar para casa, aceitando qualquer condição que lhe fosse imposta.

Ele não conhecia o amor do pai, que aceitou sua liberdade de partir, mas nunca tirou os olhos da estrada, ansiando pela sua volta. E quando isso ocorreu, não havia nenhum débito a pagar, pois a alegria que dava era maior do que a tristeza que causara. Aquele lar celebrou uma festa tão grande, que deixou o filho mais velho enciumado. A parábola nos dá a entender que se trata de uma festa que nunca mais acabou. É o que a teologia bíblica chama de banquete escatológico. Na verdade, era uma crítica que Jesus fazia aos fariseus, que se enquadravam na postura do filho mais velho, o qual, aparentemente, parecia correto, no entanto, portou-se o tempo todo como um empregado e não como um filho amado. Exatamente aí está a grande surpresa da parábola: o filho mais velho também não conhecia o amor do pai, pois nunca teve a intimidade que lhe daria a percepção de que poderia ter levado a vida festejando com os amigos, pois tudo o que era do pai era dele também. Ser filho implica uma partilha de intimidade na qual está envolvida a comunhão dos bens. É exatamente o que Jesus diz, mostrando sua perfeita filiação: "Tudo o que o Pai tem é meu" (Jo 16,15). Não se trata de mera teoria, mas do sentimento de harmonia vivido na intimidade de pais e filhos, intimidade que gera um substrato psíquico que estabiliza a pessoa.

No relacionamento humano há muitos conflitos e deslizes em ambas as partes, mas no nível da fé esse desafio tem de ser vencido pela confiança. A parábola deixa em suspense se o filho mais velho conseguiu entrar na festa. Ele é quem tem de decidir-se, porque o pai não vai deixar de celebrar a volta do filho mais novo, tampouco permitir que a festa se acabe por conta de afetar o humor do mais velho. E por que para este, que moralmente parecia impecável, as coisas podem ter terminado mal? É que quando agimos sem amor, não há nenhum proveito ou crescimento pessoal, como diz Paulo (cf. 1Cor 13,1-3). Não significa, no entanto, que o filho mais velho fosse mau. Era apenas alguém que não se deixou ser tomado pelo amor e, por isso, não foi capaz de amar; assim como o filho mais novo também não era mau, apenas não teve juízo, mas a vida lhe ensinou e ele aprendeu, incluindo-se na bênção original, com um final feliz.

Esta parábola joga uma grande luz sobre nossas posturas perante a fé, questionando-as se têm a luz do amor. Podemos ser o filho mais novo ou o filho mais velho. O filho mais novo corresponde às grandes conversões, como a de Agostinho; o filho mais velho pode representar uma grande maioria que passa a vida toda na Igreja sem fazer uma grande experiência do amor de Deus, sem nunca se deixar abraçar por Deus Pai e sentir o seu amor em toda a sua profundidade. Como diz o Papa Francisco, "transformados por esse amor, recebemos olhos novos e experimentamos nele uma grande promessa de plenitude...".[24] A atitude de fechamento

---

[24] LF, n. 4.

do filho mais velho pode explicar por que há tantos cristãos infelizes e ciumentos! O sofrimento psíquico não deveria ter lugar na vida da fé. Sofrimento por amor, sim, mas a dor de não amar não deveria existir.

A felicidade enquanto promessa

O caminho da felicidade tem um itinerário desde Abraão até Jesus. Felicidade é a promessa de Deus, é parte intrínseca da vida cristã, em vista da superação do problema central de todo ser humano. Segundo estudiosos, a promessa a Abraão se dá em dois eixos: a posteridade e o dom da terra. O problema de Abraão, que atinge todo ser humano, é um problema de felicidade: isto aparece em uma das renovações mais solenes da promessa, embora seja considerado um texto tardio, mas canônico, quando Deus diz a Abraão: "Quanto a ti, irás em paz para os teus pais; será sepultado numa velhice feliz" (Gn 15,15). Na conclusão da vida de Abraão, isso foi comprovado (cf. Gn 25,8). Considerando que Abraão teve um herdeiro, mas foi obrigado a entregá-lo em sacrifício não consumado, e que nunca teve um pedaço de terra, a não ser uma posse funerária, a felicidade de Abrão consistiu no fato de ter como herdeiro uma multidão de crentes e ter vivido uma vida profundamente fecunda. Sua terra era interior, seus herdeiros estão na linha da fé e não tanto nos laços de sangue. Então, a vida cristã consiste em encabeçar o êxodo em virtude da promessa de Deus, que é uma promessa antropológica de felicidade, a qual, por natureza, se torna plena na eternidade. É urgente, portanto, que o cristão seja uma pessoa feliz. Ninguém merece ser infeliz e comunidade alguma merece arcar com o ônus de dirigentes infelizes. Abraão não saiu de Harã em busca de riquezas, porque já as tinha; saiu ao encontro de Deus para resolver o seu problema de fundo: precisava de uma vida fecunda que o levasse a uma morte caracterizada como velhice feliz. Supõe, então, o chamado da Palavra. Se alguém se aventura no caminho cristão com motivações superficiais como riqueza e prestígio, já está condenado ao fracasso. Uma Teologia da prosperidade centrada na conquista de bens materiais não tem futuro do ponto de vista da fé. Portanto, a vida cristã é a base para todas as vocações na Igreja.

A primeira frase e, praticamente, a última frase sobre Abraão em Gênesis – "Sai da tua terra, da tua parentela e da casa do teu pai, para a terra que eu te mostrarei [...] Abrão morreu numa velhice feliz, idoso e saciado de anos e foi reunido à sua parentela" (Gn 12,1; 25,8) – são como um organograma da obediência da fé que gera a felicidade. O que liga estas duas frases está explícito em todo o recheio que compõe o relato de uma vida que obedece a Deus, pela fé, perseguindo uma *promessa antropológica de felicidade*. Como já foi dito, os relatos sobre Abraão são uma "teologia da promessa", tendo a descendência e o dom da terra como os dois eixos em torno dos quais se organiza o que os escritores sacros têm a dizer sobre o patriarca.[25] O ato de sair da terra é o primeiro passo que caracteriza a obediência da fé. Sem ele não há outros passos. Crer e ser feliz são atitudes geminadas. Morrer feliz é a consumação de uma história de fé e a comprovação da realização da promessa. Em toda essa história há um dado que perpassa o horizonte: o ato de sair de si e marchar movido por um amor cuja natureza é essencialmente peregrina e voltada para o outro. Quando obedeceu e saiu da clausura em que vivia, Abraão percebeu que o horizonte não tinha fim nem começo, e era preciso caminhar para ver o que havia por detrás das montanhas; era preciso ver o outro. Em Deus isso está no ser; em nós é preciso fazer o caminho para chegar ao ser, embora de uma forma estranha, porque o ser nos é dado, mas só quando pegamos o caminho é que percebemos o que somos, pois é no exercício da estrada que o ser nos é revelado.

Para compreendermos mais ainda a natureza da realização da promessa, Abraão morreu feliz porque tinha a posse da verdadeira terra, que não é uma pequena posse funerária nem a amplidão de um latifúndio ou um território com soberania política; a terra prometida que se instala no coração e na mente. Se um pedaço de chão ou um território nacional fosse a terra prometida, nenhum membro da descendência de Abraão morreria infeliz ou seria apontado como vítima de extorsão e roubo ou injustiça por parte dos seus próprios irmãos, como os salmos não se cansam de narrar. Nem todo judeu que chegou à posse da terra, morreu como Abraão, numa velhice feliz, idoso e saciado de anos. Significa que

---

[25] Cf. nota *f* da Bíblia de Jerusalém a respeito do título "História dos patriarcas". *Bíblia de Jerusalém*, nova edição revista e ampliada. São Paulo: Paulus, 7. ed., 2011. p. 49.

Abraão chegou à posse da verdadeira terra, à qual nem todo judeu chegou. Aliás, a prova que Deus exigiu, com o sacrifício não efetuado de Isaac, mostra também que a realização da posteridade dependia do total desapego do filho em benefício de uma multidão de crentes que justificariam a concretude da promessa. A provação a que Deus submeteu Abraão, pedindo-lhe o sacrifício do filho Isaac (Gn 22ss), se intitula *sacrifício de Abraão* e não *sacrifício de Isaac*. Faz sentido não só porque Isaac não foi sacrificado, mas porque algo foi sacrificado em Abraão: a paternidade. O pai que entrega o filho à morte mata a si mesmo. Independentemente do horror e da condenação de sacrifício de crianças,[26] o texto resgata Isaac com vida, mas não poupou o sacrifício da paternidade de Abraão. Foi o ponto culminante da fé de Abraão e a imagem do sacrifício de Cristo.[27] O que conta para a teologia da promessa é a condição filial de Abraão e não a condição paternal. Abraão queria ser pai e Deus o chamou a ser filho, para mostrar que essa é a condição da felicidade na terra. Ser filho significa sentir-se amado numa relação em que o Pai é Deus amante, e o filho é o ser humano amado.

A promessa antropológica de felicidade é o primeiro conteúdo da fé que a salvação deve apontar. A aventura de Abraão não foi nenhum esporte radical, mas a resposta a uma proposta muito vantajosa que Deus lhe ofereceu. Para quem tinha tudo e não tinha nada, pois sua riqueza e conforto estavam ameaçados por falta de herdeiro, foi um bom negócio partir, pois acreditou que Deus tinha o poder de realizar a promessa de posteridade à custa de uma contínua migração, tendo deixado para trás a terra para a qual jamais deveria voltar. Não se tratava de uma ruptura esquizofrênica, pois não rompeu laços parentais, quando buscou uma esposa para Isaac; era em Harã, junto à sua parentela deixada para trás, que estava uma pretendente justa. Porém, quando o mordomo perguntou se, caso ela se recusasse a sair de lá, deveria Isaac voltar para a terra de onde o êxodo começou, a resposta foi lacônica: "Em nenhum caso leve o meu filho para lá" (Gn 24,6). O êxodo de Abraão representa o êxodo cristão, que em nenhum caso deve ter volta. Uma vez transformados,

---

[26] Ver Lv 18,21ss.
[27] Cf. nota *a* da Bíblia de Jerusalém, referente ao título que introduz Gn 22,1: "sacrifício de Abraão".

não há volta; o ser filial é o ser definitivo que nos torna novas criaturas. E como o patriarca, o cristão caminha em busca de uma terra e de uma saúde que vão muito além da saúde corporal e do território delimitado. Abraão foi um típico peregrino que viveu no caminho, tendo todo e nenhum lugar como seu; migrante durante todo o tempo. Mas ele morreu numa velhice feliz, idoso e saciado de anos.

A separação de Ló

Um grande sinal de que o amor de Deus povoava o coração de Abraão aparece num episódio emblemático e exemplar: a separação entre Abraão e Ló. Este era sobrinho, membro da sua antiga casa, o qual resolveu partir com seu velho tio. Mas Ló não estava preparado nem tinha recebido pessoalmente o chamado de Deus. Este é um risco que sempre correm os que são chamados e precisam convidar outros a segui-lo. Muitos entendem e seguem um carisma de outro, mas tantos o fazem sem entender. Foi o caso de Ló, que se tornou um peso que Abraão teve de carregar.

Em nossa leitura tipológica, Ló significava uma parte de Abraão, aquela parte que, com o desenrolar do caminho, tem de ser separada. A Escritura diz que eles "tinham posses imensas para poderem habitar juntos" (Gn 13,6). Essa prosperidade fez parte de um caminho de entrega e escuta a Deus, pois o caminho de quem está com Deus conta com muitos desafios, mas também com muitas recompensas. Porém, a prosperidade para Ló tornou-se motivo de intriga, em vez de comunhão. Isso contaminou os pastores de ambos os lados, criando uma nítida impressão de que a terra não era mais suficiente para os dois grupos. Quando a terra não é mais suficiente para dois grupos habitarem juntos, é porque a disputa destruiu a paz. No início da criação, o Jardim de Éden era suficiente para o homem porque ele sabia seu lugar de filho e amava a Deus como Pai. Porém, quando a competição chegou ao coração humano, Deus se tornou um parceiro incômodo e o homem quis ser deus, e de lá para cá a idolatria é a maior consequência desse pecado, causando sempre a separação entre o homem e Deus. E assim como a disputa contaminou os primeiros membros da criação, os pastores de Abraão e os de Ló entraram em litígio. Então, veio a hora da decisão.

Como o amor sempre toma a dianteira de amar primeiro, Abraão disse a Ló: "Que não haja discórdia entre mim e ti, entre meus pastores e os teus, pois somos irmãos!" (Gn 13,8). Veio então o gesto magnânimo do amor que habitava o coração de Abraão, o qual disse: "Toda a terra não está diante de ti? Peço-te que te apartes de mim. Se tomares a esquerda, irei para a direita, se tomares a direita, irei para a esquerda" (Gn 13,9). Não havia como colocar remendo novo em pano velho; a opção tinha de ser radical. Cada um tinha de escolher um caminho diferente. Ló escolheu o que achou melhor, segundo seu egoísmo. Na verdade, foi muito interesseiro, pensando somente em si, pois, quando viu a planície do Jordão toda irrigada como o Jardim de Éden, a escolheu para si e emigrou para o Oriente. Mas o Oriente ainda não tinha dado o Cristo, o sol da justiça. Os problemas que Ló encontrou mais tarde eclodiram nos pecados de Sodoma e Gomorra, cidades destruídas pela raiz, como o dilúvio destruíra uma vez a humanidade corrompida. Ló se complicou por causa do seu egoísmo. Ao passo que o gesto de Abraão lhe mereceu mais um reforço de aliança. Deus pediu-lhe que contemplasse toda a terra que conseguisse ver, seja para qual direção olhasse, tanto do Oriente como do Ocidente. E toda a terra foi dada a Abraão como promessa.

De fato, a atitude de Abraão correspondeu à mansidão que Cristo exalta como bem-aventurança. E esta mansidão, definida como a humildade que coloca uma pessoa no mesmo patamar da outra, tem o dom de possuir a terra: "Felizes os mansos porque herdarão a terra" (Mt 5,4). Aí está justamente o cumprimento da promessa feita a Abraão, que extrapola totalmente a Canaã física e anuncia a verdadeira Canaã, o lugar que faz parte da nova Jerusalém. A mansidão é a *pobreza no espírito*. Somente esta pode preparar uma pessoa para lidar com muitos bens e assumir muitos poderes, uma vez que os encara como dom e serviço. Ló certamente estava encantado com tanta riqueza e fez uma escolha prepotente, sem nenhuma preocupação com o outro. Olhou somente para si. Por isso representa o ego humano, a natureza carnal que tinha de ser separada, uma vez que Abraão estava envolvido pela natureza divina, conforme sua relação com El Shaddai, o Deus da vida, ou a vida vivida em Deus.

Somente quando se chega a esse patamar é que se fazem rupturas, pois o caminho exige a unidade interior. Foi isso que Abraão teve de fazer, sugerindo a Ló escolher outro caminho.

O amor olha o outro e lhe permite escolher o que acha melhor. Essa foi a atitude de Abraão, que jamais poderia tornar-se um princípio de litígio. Paulo diz que "o amor é o vínculo da perfeição" (Cl 3,14). Abraão deu ao outro a chance de fazer uma escolha, mesmo que isso lhe significasse prejuízo. Mas sempre vale a pena amar e matar pela raiz uma disputa que pode voltar com a paixão da revolta. Então, Abraão amou e se mostrou temente e unido a El Shaddai. Abraão estava em Deus. Sua atitude foi consequente. O amor enquanto vínculo da perfeição é o princípio da unidade que não se corrompe. Esse amor é dom de Deus, tão generosamente ofertado e tão dificilmente acolhido pelo ser humano. A herança do pecado nos tornou arredios ao amor, que é o cumprimento da promessa de uma herança de posteridade e terra a toda a humanidade: a promessa antropológica da felicidade. A resposta de Deus à crise do pecado é muito clara: é só acolher o amor de Deus e deixá-lo tornar-se o sentimento matriz do nosso mundo afetivo. Quando uma criança se sente amada, parece que recebe uma pilha ou aciona um botão que a liga numa fonte de energia. Ao passo que, quando uma criança não se sente amada, vai estacionando como um brinquedo cuja pilha acabou; torna-se triste; entra em depressão. Da mesma forma, Deus nos dá uma injeção de energia quando nos sentimos amados por ele, como Jesus o é eternamente. O perfil de Jesus é de uma pessoa extremamente amada. Sua capacidade de trabalho físico e intelectual, seu humor de qualidade e todos os seus gestos de misericórdia só podem denotar que ele, se sentia extremamente amado. E não era de amor humano que ele se nutria, pois, de Belém ao Calvário, o que recebeu da humanidade como um todo não foi amor, mas rejeição. E quando deu o mandamento do amor, explicou muito claramente que não se tratava de amor humano, pois disse: "amai--vos uns aos outros como eu vos amei" (Jo 13,34). Ele nos amou com o mesmo amor que recebe do Pai e que o Novo Testamento chama de *agape*, para frisar que se trata de amor divino.

Ló teve ainda a oportunidade de sair da planície do pecado, mas a recusou. O anjo de Deus lhe mostrou a montanha como lugar seguro de fuga e preservação da vida. Ora, a montanha, na Bíblia, é um lugar seguro de encontro com Deus, lugar onde mais tarde Moisés falaria a Deus face a face. Porém, Ló não teve coragem de subir a montanha e dar um passo grande. Então, suplicou ao anjo que lhe permitisse esconder-se numa cidade próxima, ainda no vale, o que lhe foi permitido, porque Deus não impõe a perfeição, mas a propõe e garante. O nome da cidade era "pouca coisa" (Gn 19,20). E assim Ló desaparece das Escrituras, porque viveu pelo resto da sua vida em "pouca coisa". Tudo na vida de Ló terminou em "pouca coisa".

Ninguém nasceu para ser pouca coisa. A teologia da promessa se move em direção contrária. Não somos herdeiros de Ló, mas de Abraão e, por isso, seguidores de Jesus Cristo. A nossa natureza não combina com a mediocridade. Por isso a natureza humana precisa do amor de Deus, já que ela, por si mesma, não tem condições de amar como Deus ama. A vocação cristã não permite sermos pouca coisa. A grandiosidade nos vem pela Páscoa de Cristo. A ele devemos viver unidos como um galho no tronco. Para não terminarmos em pouca coisa, separemo-nos de Ló, a fim de perseverarmos na caminhada abraâmica.

A missão

Para enquadrar a divulgação do amor de Deus como missão da Igreja, ajuda-nos um texto paulino que constitui a tese de toda a epístola aos Romanos:

> Na verdade, não me envergonho do evangelho, pois ele é força de Deus para a salvação de todo aquele que crê, em primeiro lugar do judeu, mas também do grego. Porque nele a justiça de Deus se revela da fé para a fé, como está escrito: O justo viverá da fé (Rm 1,16-17).

A pergunta é: Por que Paulo se envergonharia de uma boa notícia, que representa tudo o que uma pessoa espera para resolver pela raiz todos os seus problemas? Seria algo complexo ou tão simples e fácil que até uma criança entenderia sem dificuldade? O *Pequeno Príncipe*, de Antoine Exupéry, via o mundo de forma tão simples que achava os adultos muito estranhos e complicados. É que os adultos gostam de complicação e se sentem bem quando afirmam coisas importantes que ninguém entende ou pode ter acesso com facilidade. Então, Paulo tinha a anunciar como boa notícia algo tão simples e singelo que as crianças seriam as primeiras a entender. Lembremos que o apóstolo tinha como interlocutor o povo grego, versado em filosofia e raciocínios lógicos. Era natural que gostasse de uma ideia que levasse o dia todo para ser explicada. Porém, Paulo, junto com João evangelista, foi quem mais entendeu o ser de Deus como *agape*, ou seja, um amor exuberante e oblativo, totalmente voltado para o outro, e conjugou sem demora a operatividade que esse amor tem no processo individual e coletivo da salvação.

Na verdade, a notícia que Paulo se propôs a levar avante até os confins da terra e o fim dos tempos é que *Deus Pai ama cada pessoa humana como ama eternamente o seu Filho*. Por isso o Filho encarnou-se e habitou entre nós. Essa afirmação é a notícia mais bombástica e poderosa que a humanidade já teve e nenhuma outra poderá superá-la. Da mesma forma que as crianças de Jerusalém foram as primeiras a perceber que havia uma novidade quando Cristo entrou na cidade montado em um jumentinho, essa afirmação, que exprime todo o conteúdo da fé, é mais facilmente entendida por crianças que por adultos.

Então, quando Paulo diz que o amor é a justiça de Deus (cf. Rm 1,17), está dizendo exatamente que qualquer adulto pode remover sua criança triste, se deixar o amor de Deus penetrar em seu ser, naquela área onde se esconde a mesma criança triste que saiu da dança da vida, para lamentar eternamente o fato de não se sentir amada. Se essa chance não fosse dada a todos, em qualquer situação da vida, alguém poderia suspeitar que Deus não fosse justo, pois ninguém escolheu ser triste; é uma imposição da própria história. Poder contar com o amor de Deus em qualquer ponto do caminho, e em qualquer hora do tempo que nos é dado, constitui aquela alegria que os cristãos chamam de alegria pascal, porque vem de Cristo morto e ressuscitado e nos faz realizar com ele uma páscoa de libertação. Deus é extremamente justo, porque nos permite viver na história, a mesma história que gera sem nosso consentimento a criança triste que entristece a vida, mas também Deus está em cada esquina oferecendo-nos seu amor, doado na plenitude do Mistério Pascal, amor que mandou os apóstolos anunciarem até os confins do mundo e o fim dos tempos. Se tarde conhecemos esse amor, não foi por que Deus não o tenha oferecido cedo; nós é que não aceitamos a sua oferta. Ela nos torna novas criaturas, herdeiros de Abraão e testemunhas de que a promessa feita ao Patriarca da fé foi cumprida pela páscoa de Cristo. Só por isso os cristãos deveriam ser os mais felizes da terra. Porém, sem abraçar a vocação abraâmica, ninguém tem coragem de partir em busca de Deus e de si mesmo, como fez o Patriarca. Tornamo-nos herdeiros de Ló, quando nada mudamos por dentro, apesar de tantas andanças externas. É como caminhar para morrer na praia. Ló fez parte da maior esperança de uma equipe de pessoas que seguiam um líder de fé, mas não entrou na dinâmica da fé.

Sentir-se amado é a condição para a saúde mental e para o desenvolvimento de todas as potencialidades humanas físicas e espirituais. O pecado rompeu esse sentimento e, por isso, a amizade com Deus ficou comprometida. Toda a história da salvação é a construção do trajeto para o homem voltar a sentir-se amado como filho no Filho. Paulo tem razão ao dizer que o amor é a força de Deus para a salvação de todo o que crê, em primeiro lugar do judeu, mas também do grego. Entende-se judeu como aquele que já crê, e grego o que ainda não crê, mas é também objeto da fé. Deus é amor e sua força consiste em amar. E ainda afirma o apóstolo que no amor se revela a justiça de Deus. Sabemos que as pessoas não amam porque são bloqueadas e não encontram forças suficientes para se desvencilhar dos bloqueios. É claro que disfarçam, jogam etc. Mas ninguém se pretendeu bloqueado e optou por não amar. Jesus teve uma família exemplar, a qual lhe garantiu todas as condições de crescimento saudável. E isso é fundamental para o processo relacional que o amor constrói. Nós não crescemos numa "Sagrada Família", pois nossos pais também eram limitados. Então, a "conta" que sobrou não fecha, porque não temos saldo afetivo para tanto. A grande notícia, da qual Paulo não se envergonhava, consistia na gratuidade de um amor que supre todo amor humano e que, portanto, é garantia da justiça divina para todo ser humano. Ao captar o amor divino, qualquer pessoa de qualquer idade, condição social e étnica tem a chance de se refazer como nova criatura, muitas vezes começando do zero para reconstruir sua personalidade relacional, a fim de viver a harmonia sonhada por todo ser humano. Porém, há uma exigência fundamental: isso só se realiza da *fé para a f*é. Da fé porque a promessa, segundo a tese paulina, foi feita à fé de Abraão e trouxe uma justificação imediata que dependeu da fé do Patriarca, mas de nenhuma obra. Hoje a promessa é feita à fé dos que acreditam na pessoa e na obra de Jesus Cristo. Então, a tese da Epístola aos Romanos, que ocupa apenas dois versículos, é desenvolvida em dezesseis capítulos ricos e saborosos para se ler. Quebrar o padrão de adulto acostumado a coisas complicadas é o primeiro passo para engajar a pessoa na fé simples e eficaz, fé que é resposta positiva propositiva à promessa de felicidade antropológica que todo ser humano busca neste mundo. Não encontrar o Amor nesta vida significa viver em contínuo sofrimento, mesmo que se trate de pessoas religiosas e consagradas.

O livro de William Cesar Castilho Pereira, psicólogo e assessor da Pastoral Presbiteral da Arquidiocese de Belo Horizonte, tem um título sugestivo e preocupante: *O sofrimento dos presbíteros: dor institucional*.[28] O autor retrata com conhecimento de causa e efeito[29] a crise psíquica dos presbíteros, que conhece de perto por profissão, e atribui uma parcela da culpa disso à instituição eclesiástica, mas reconhece também que "a angústia que aparece agora no grupo de presbíteros é reflexo da própria época em que vivemos",[30] época marcada por incertezas que não encontram pistas de solução no horizonte cultural. Na verdade, são palavras diferentes para dizer da vida líquida que afeta a cultura global. Propõe como solução a criação de mecanismos de convivência entre os presbíteros para apaziguar a mencionada dor, que, por ser psíquica, não apresenta feridas expostas que possam ser tratadas facilmente. É um livro interessante, sem dúvida. Há algumas páginas de alto valor teológico e outras que chegam a ser quase místicas, ressaltando a sensibilidade do autor quanto ao meio de que o presbítero faz parte. No entanto, é preciso buscar mais fundo uma solução efetiva, que não pode estar longe da solução que Cristo apresentou para toda a humanidade. Pereira diz uma coisa muito interessante sobre a espiritualidade presbiteral, baseada na *Lectio Divina* como retorno ao cultivo da relação com Cristo: "Sem esse

---

[28] PEREIRA, William Cesar Castilho. *O sofrimento dos presbíteros*; dor institucional. Petrópolis/Belo Horizonte: Vozes: PUC-Minas, 2012.

[29] Foi seminarista e é um psicólogo muito requisitado no meio presbiteral.

[30] PEREIRA, op. cit., p. 165.

retorno da paixão pela causa da pessoa de Jesus Cristo, a evangelização lentamente perde o sentido e o encanto".[31]

Então, o presbítero, por ser uma pessoa sagrada, não deixa de ser um ser humano carente de salvação e desejoso de realizar-se como pessoa, tanto quanto todos os outros seres humanos. Ao contrário, deveria ser ele mesmo um exemplo vivo de que a promessa feita por Deus cumpre-se de fato em Jesus. Presbítero, em sua concepção etimológica, deveria ser a pessoa mais realizada da comunidade, um promotor da felicidade que todos buscam. Teria apenas de testemunhar sobre o único caminho para se encontrar essa realização que se faz da fé para a fé. Mas, se a missão parecer simplesmente um dever para quem assume ativamente o mandato, e um peso para quem a acolhe, está decretada a falência da obra central da Igreja. E esta falência se manifesta na falta de atuação de cada cristão, relegando para missionários (como que profissionais) a obrigação por via de carisma específico. Normalmente, o profissional vive esperando a sua aposentadoria. Talvez seja esse o defeito maior que a Igreja Católica tem de superar. Não podemos esquecer que tudo na Igreja é exercido na perspectiva da salvação para aqueles que creem na pessoa e na obra de Jesus Cristo. Portanto, não se trata simplesmente de dever ou obrigação, como se Deus estivesse necessitando da nossa evangelização. Muito ao contrário, somos nós que sofremos no mais íntimo da nossa estrutura psíquica de uma carência que só Cristo pode resolver. Consciente disso e portadora de uma resposta universal, a Igreja teria de ser católica, para poder ver a amplidão do horizonte de sua atuação missionária.

Então, a evangelização é questão de salvação. E salvação é um projeto urgente, que supõe, no seu sentido veterotestamentário mais largo, a ajuda e proteção a alguém em grande dificuldade.[32] No Novo Testamento, essa dificuldade foi entendida em sentido ainda mais profundo, como o pecado do qual Cristo veio nos libertar. Isso implica que o conceito de salvação neotestamentário aponta para uma libertação infinitamente

---

[31] Ibid.

[32] Cf. MACKENIZIE, John L. Salvação. In: MACKENIZIE, John L. *Dicionário bíblico*. 8. ed. São Paulo: Paulus, 2003. p. 833.

superior à saúde do corpo.³³ É como dizer que a maior dificuldade que o ser humano enfrenta durante a vida é o pecado, que o coloca numa trincheira que ameaça não só a vida eterna, mas sua vida psíquica, desde o primeiro até o último dia de sua existência terrena.

A justiça da fé

Uma das renovações mais importantes da promessa de Deus a Abraão foi feita num contexto no qual três acontecimentos o colocaram à prova. Tais acontecimentos foram: a solidariedade para com Ló, a oferta do dízimo a Melquisedec, rei de Salém, e a vitória contra a corrupção. Porém, essas três provas situavam-se no contexto da grande prova: o retardamento para a realização das promessas. Quando Abraão saiu de Harã tinha 75 anos; agora já estava com cerca de 100 anos (cf. Rm 4,19) e não obtivera posteridade. As coisas estavam realmente impossíveis, do ponto de vista natural. Paulo diz que, a essa altura, tanto o corpo de Abraão como o seio de Sara estavam mortos. Para fazer a prova que mereceu a justificação pela fé, Deus exigiu de Abraão uma maturidade que se revelasse por meio da solidariedade, abnegação para com o culto e a vitória contra a corrupção.

A solidariedade se dá para com Ló, como já vimos, o sobrinho ambicioso que escolheu o vale fértil para si, deixando Abraão com o deserto. No entanto, Ló entrou numa fria; as cidades que escolheu eram também cobiçadas pelos reis vizinhos. Por isso fizeram campanha contra os reis do vale do Jordão e os derrotaram e levaram também Ló como prisioneiro de guerra, tomando os seus bens. Abraão, com um pequeno grupo, foi em resgate de Ló, derrotando os reis vencedores da guerra do vale.

Seu gesto de solidariedade foi motivo de bênção e Deus fez aparecer a figura emblemática de Melquisedec, rei de Salém, nome primitivo de Jerusalém. Melquisedec era um rei-sacerdote do Deus Altíssimo, figura do Rei Davi, que, por sua vez, era figura de Cristo. Melquisedec abençoou Abraão e este lhe deu o dízimo de tudo (Gn 14,20). A entrega

---

³³ Cf. ibid., p. 835.

da décima parte de tudo o que tinha foi um gesto que testou o espírito religioso de Abraão e o seu respeito ao culto.

Por fim, Abraão foi tentado pelo rei de Sodoma, que, para agradecer-lhe por tê-lo libertado, queria oferecer-lhe todos os despojos de guerra. Mas Abraão não tomou nem sequer *uma correia de sandália*, e assim ficou livre de qualquer gesto de corrupção. Havia feito um ato de solidariedade para com o sobrinho e não queria levar nenhum proveito disso. Dessa forma, o Patriarca estava pronto para a grande prova da fé que o tornou pai de todos os crentes. Era a renovação solene de uma promessa, que cada vez mais parecia longe de realizar-se. Era uma grande prova de fé. Deus lhe falou: "Abrão! Eu sou o teu escudo, tua recompensa será muito grande" (Gn 15,1). Abraão, que ainda chamava-se Abrão, levantou a seguinte dúvida metódica: "Meu Senhor Deus, que me darás? Continuo sem filhos" (Gn 15,2). Então, Deus pediu a Abraão que contemplasse as estrelas e as tentasse contar, se conseguisse, pois sua descendência sanguínea seria maior que as estrelas. "Abrão creu em Deus e isso lhe foi dado em conta de justiça" (Gn 15,6). A seguir Deus renovou o segundo eixo da aliança: a posse da terra. Abrão ainda levantou mais uma dúvida metódica: Como saberei que vou possuí-la? Então Deus lhe pediu que providenciasse um ato sacrifical de culto, rito usado nas antigas tradições. Consistia em partir animais pelo meio, colocando uma parte defronte da outra. Ambos os membros do juramento da aliança passavam entre as carnes sangrentas conjurando que tivessem a mesma sorte se transgredissem os compromissos.[34] Porém, quem passou foi somente Deus, por meio do fogo, pois a aliança de Deus é sempre unilateral, já que Deus sabe que o ser humano não tem condições de ser um parceiro na fidelidade; fica então dispensado, para não ter a mesma sorte dos animais sacrificados. Deus, na sua infinita misericórdia, justificou-nos por meio da morte e ressurreição de Cristo. Foi um ato gratuito, obtido no Novo Testamento, pois no Antigo Testamento a justificação se fazia por meio de julgamento; daí então o papel tão importante da Lei. Agora a justiça viera de graça.

---

[34] Cf. nota *e*, referente a 15,16, p. 53.

Justiça é um comportamento que garante a amizade ou, no mínimo, as boas relações. A injustiça, ao contrário, dificulta as relações humanas e destrói por completo as amizades. No Jardim de Éden, o homem era amigo de Deus, que caminhava com ele pelas alamedas da felicidade como um filho caminha com seu pai.

Mas isso mudou, porque no coração humano brotou a erva da competição e o desejo de ser igual a Deus. Então uma grande injustiça tomou conta da relação que outrora era límpida como a água cristalina do regato. Deus foi traído pela própria criatura, que se afastou do seu Criador, escondendo-se da sua presença porque a transparência não existia mais. Acabou-se a glória, ou seja, aquela presença de Deus comunicando-se na intimidade humana.

Como qualquer amizade só pode ser refeita quando a parte faltante repara a injustiça, isso dependia, em princípio, que o homem se justiçasse perante Deus. Como não havia possibilidade dessa justificação acontecer, pois o pecado não tinha condições de ser reparado, Deus mesmo fez um fantástico plano para resolver o mal feito: enviou seu Filho único, o Amado, para nos justificar em sua carne o nosso pecado. Então o verbo se fez carne e habitou entre nós.

Pediu ao Filho que o aceitássemos como Salvador e, ao modo de Abraão, fôssemos também justificados pela fé, agora na pessoa e na obra dele. Isso nos levaria a um êxodo como aquele de Abraão.

Ainda dois elementos da revelação da renovação da Aliança que estamos analisando devem ser ressaltados: a previsão da escravidão para os filhos de Abraão e a velhice feliz do Patriarca.

A previsão da escravidão para a posteridade de Abraão era para mostrar que é preciso realizar um êxodo de maturidade para se conquistar a terra interior. Então, assim como Abraão passou pelo Egito, sua posteridade também passaria e viveria uma dura escravidão, até que amadurecesse para a liberdade. Nesse sentido, os filhos de Abraão eram mais que filhos; eram seguidores no êxodo em busca da maturidade, que nunca vem senão pelos caminhos da história vivida dia a dia.

A IDENTIDADE FILIAL

Sacia-nos com teu amor pela manhã
e, alegres, exultaremos nossos dias todos.
(Sl 90,14)

Identidade numa sociedade líquida

Na modernidade líquida, a busca da individualidade se tornou uma obsessão de consumo, com um aspecto tremendamente contraditório, pois, quando todos são estimulados a serem diferentes uns dos outros, segundo as ofertas da moda, todos acabam comprando o que está na moda e se tornam terrivelmente iguais. Na verdade, só as elites globais têm capacidade para bancar o diferente menos massivo possível. Os outros lutam simplesmente para não ficar fora da moda, evitando cair no ridículo social. Isso afetou a questão da identidade. A educação, com sua missão de preservar a liberdade de ser, funciona ainda no ideal de muitos professores, mas não na cabeça dos jovens a que eles ensinam. Além do mais, segundo Bauman, as elites globais tentam construir uma identidade extraterritorial, na qual "seus membros se ocupam compondo, decompondo e recompondo suas identidades".[1] Muitos autores que tratam da questão da cultura chamam isso de "hibridização".[2] Na verdade, a "hibridização" significa deixar para trás a identidade fundada em genótipos monozigóticos e partir para uma autonomia que permita agregar tudo o que convier para a felicidade, infelizmente baseada no consumo. Os defensores do conceito de identidade como consolidação de um modo de ser ficam assustados com a construção de uma identidade heterogênea, efêmera, eminentemente mutável. De qualquer forma, a identidade híbrida dispensa hierarquias, de tal forma que "se tornou algo principalmente autoempregado e autoatribuído".[3] Todas as grandes referências do passado ainda estão disponíveis, mas nenhuma tem força para impor-se.[4] Segundo Bauman,

> numa avaliação final, a "hibridização" significa um movimento em direção a uma identidade eternamente "indeterminada", de fato "indeterminável". No horizonte desse processo, inatingível e teimosamente em

---

[1] BAUMAN, Zygmunt. *Vidas líquidas*. 2. ed. revista. Rio de Janeiro: Zahar, 2009. p. 41.
[2] Cf. ibid., p. 42.
[3] Cf. ibid., p. 44.
[4] Cf. ibid., p. 44.

retirada surge uma identidade definida unicamente por se distinguir de todo o resto: de todas e cada uma das identidades nomeadas, conhecidas e reconhecidas, e por essa razão aparentemente estabelecidas. Desse "resto", a identidade dos "hibridizadores" permanece, não obstante, irremediavelmente dependente. Não tem um modelo próprio para seguir e emular. É principalmente uma unidade de reprocessamento e reciclagem – vive de crédito e se alimenta de material emprestado. Só pode construir e sustentar sua distinção por meio de um esforço ininterrupto e ininterrompível para compensar as limitações de um empréstimo por meio de mais empréstimos. A ausência de um alvo pré-selecionado só pode ser compensada por um excesso de marcadores culturais e um esforço contínuo de cercar todas as apostas e manter abertas todas as opções.[5]

Então podemos inferir que a "hibridização" da identidade pode produzir a identidade líquida, comparada a um quebra-cabeça que nunca é concluído, porque a última peça sempre dá errado, como no romance *Life: A User's Manual*, de Jorge Perec.[6] Tal quebra-cabeça é montado nas vielas dos shoppings, onde os consumidores vão buscar suas peças "identitárias", mas nunca chegam ao fim, porque a última peça já está fora da moda e o quebra-cabeça precisa ser reiniciado. Por isso o marketing hoje não se ocupa em satisfazer desejos, mas em criar e recriar novos desejos na velocidade que o consumo exige. Nesse sentido, os desejos passam a ser irrelevantes, pois eles precisam de cultivo cuidadoso, quando já não existe mais tempo e incentivo financeiro para isso.[7] Nesse contexto, segundo Bauman,

> o único "cerne identitário" que com certeza emergirá da mudança contínua são e salvo, e provavelmente até reforçado, é o do *homo eligens* – o "homem que escolhe" (embora não o "homem que escolheu"): um ego permanentemente impermanente, completamente incompleto, definitivamente indefinido – e autenticamente inautêntico.[8]

---

[5] BAUMAN, *Vidas líquidas*, cit., pp. 45-46.
[6] Citado por BAUMAN, *Vidas líquidas*, cit., p. 49.
[7] Cf. ibid., PC 48.
[8] Ibid., pp. 47-48.

De fato, o homem moldado para consumir segundo a voragem dos desejos criados e recriados pela mídia não pode ser senão o que deve escolher a cada momento o que convém num processo de instabilidade irracional. Diria o psicólogo que se trata de um homem ansioso e temeroso de perder o trem da moda e cair no ridículo. Tal personagem sente-se o "eleitor", mas na verdade é um escravo do consumo, facilmente caindo na compulsão.

A identidade cristã

O *homo eligens*, apontado por Bauman, não parece ser feliz, ao contrário, aproxima-se mais de um ser neurótico e inseguro. Na verdade, o *homo eligens* não passa de um eleitor manipulado. Teologicamente, há um equívoco de raiz.

Ao quebrar o elo hierárquico[9] e sentir-se livre para tudo, o *homo eligens* perdeu a noção de que há hierarquias que podem estar alojadas na própria natureza, como, por exemplo, há mais alegria em ser eleito do que em eleger. Do ponto de vista teológico, Paulo fala em homem eleito e não em homem eleitor. É preciso readmitir que Deus Pai é a fonte do amor e que ele nos elegeu no amor para sermos santos e irrepreensíveis em Cristo. Trata-se de uma santidade dada e não de uma santidade construída pelos nossos esforços humanos. É a graça que nos vem pela bênção original.

O homem eleitor é potencialmente amparado na autofigura de pai, enquanto o homem eleito é amparado na autofigura de filho. É no amor que o Filho recebe eternamente que devemos buscar a fonte da nossa identidade. Esse tipo de amor só pode existir quando o filho se sente amado. Então responde ao Amor com amor.

O salmo de Moisés atribui ao amor uma característica de necessidade tão premente quanto o alimento ou a água para o nosso organismo: "Sacia-nos com teu amor pela manhã e, alegres, exultaremos nossos dias

---

[9] Segundo Bauman, "a modernidade é 'líquida' na medida em que é também pós-hierárquica". Ver: BAUMAN, *Vidas líquidas*, cit., p. 44.

todos" (Sl 90,14). O dicionário *Aurélio da Língua Portuguesa* afirma que a sede é uma "sensação produzida pela necessidade de beber". Sensação é uma reação fisiológica ou psíquica. No caso, a sede de amor é uma avidez psíquica. Por isso a tradução da Bíblia para o uso litúrgico, em vez de *sacia-nos com teu amor*, diz: *faze-nos sentir o teu amor*. De fato, só quando se sente a água permeando todo o organismo é que se extingue a sensação voraz que a sede provoca. Portanto, saciar com amor não é uma metáfora, mas uma satisfação concreta a uma necessidade psíquica tão voraz quanto a sede fisiológica. Traduz uma realidade psíquica da pessoa, que, não satisfeita, vira um tormento insuportável, semelhante ao viajante desesperado em busca de um oásis no deserto. Crer no amor, mas não beber o amor, é como ter um copo de água fresca à mão e não conseguir levá-lo à boca. Em nossa concepção, é o ato de beber o amor que nos dá a identidade filial. Em outras palavras, é o que nos faz sentir amados, saciando-nos a sede de amor. Sentir-se amado é a satisfação mediante a absorção psíquica do amor.

Por que o amor de Deus, acolhido em nosso ser, nos dá a identidade filial? É que o amor de Deus é uma grande verdade, capaz de explicar o conjunto da vida social e pessoal.[10] Em outras palavras, o Amor nos dá o conhecimento profundo do nosso ser em sua relação com Deus Pai, por meio de Jesus, no Espírito Santo. O passo decisivo para adquirir tal conhecimento é feito pela absorção do dom divino, concreto e real, no sentimento humano, isto é, na área da afetividade. Se o amor de Deus não fosse uma verdade em si mesma ou, como diz Zubiri, se não tivesse consistência metafísica, não sobreviveria ao tempo; seria um sentimento líquido, para lembrar o conceito de Bauman sobre a liquidez das relações humanas no contexto da globalização atual. Sentimentos podem provocar risos e lágrimas, porém não estamos falando de sentimentalismo nem de humor bipolar; estamos falando daquele estado psíquico que responde pelo equilíbrio da pessoa, baseado num sentimento sólido e não líquido. Portanto, o amor de Deus só pode transformar o nosso ser, se o acolhermos e nos abrirmos ao mistério do Outro e às relações fraternas com os demais. Mas para isso é preciso que nos sintamos realmente

---

[10] Cf. LF, n. 25.

amados, identificados como filhos de Deus. Durante esta vida, rezamos milhões de vezes o Pai-nosso. A questão é se sentimos o que rezamos. É muito simples responder a essa pergunta: basta perceber se nos sentimos seguros no amor de Deus, se caminhamos como crianças felizes, porque amadas. Todos os efeitos do amor nas relações humanas estão descritos por Paulo, no capítulo 13 da Primeira Carta aos Coríntios. É contraditório professar a fé no amor de Deus e não se abrir ao amor, pois "a fé transforma a pessoa inteira, à medida que ela se abre ao amor".[11] Sem esta experiência profunda do amor de Deus, o ser humano não tem a unidade necessária para viver como uma pessoa feliz. Isso equivale dizer que, sem a experiência psíquica do amor de Deus, não é possível a identidade filial autêntica.

A natureza humana busca ansiosamente o amor filial, pois sentir-se amado é o desafio afetivo de todo ser humano. O dogma e a teologia são muito claros: só em Cristo podemos ser novas criaturas, ou seja, seres que se sintam realmente amados, para poderem de fato amar. Quando João diz: "Amados, amai-vos uns aos outros" (1Jo 4,7), está anunciando sua tese doutoral mais frutuosa. Não está, com certeza, fazendo um apelo moral, mas existencial. Está falando a pessoas que atravessaram o limiar dos próprios sentimentos de rejeição e entraram no rol dos bem-aventurados, porque estando em Cristo, o Amado, têm o mesmo sentimento de amor. O termo *Amado*, dirigido a Jesus, é um dogma de fé no amor trinitário. O termo, no plural, *amados*, dirigido aos cristãos, é o mesmo dogma refletido na eclesiologia que se funda na perfeição do amor vivido entre pessoas intimamente ligadas ao Pai, por meio de Jesus, no Amor. Trata-se de uma intimidade que capacita o cristão a dirigir-se a Deus como *Abbá*, Pai. Diz o Papa Francisco que "*Abbá*, Pai, é a palavra mais característica da experiência de Jesus, que se torna centro da experiência cristã".[12] Se a experiência mais característica de Jesus foi relacionar-se com o Pai, chamando-o de *Abbá*, e se o centro da experiência cristã está na reprodução desta mesma experiência no cristão, parece que temos de mudar não só o foco da mística, mas da própria Teologia, que muito pouco se tem dedicado ao estudo da relação amorosa de Jesus com o

---

[11] LF, n. 26.
[12] LF, n. 19.

Pai. Quando Paulo introduz o ensino sobre o despojamento de Cristo, o faz lançando um apelo para que o cristão tenha o mesmo sentimento de Cristo: "Tende em vós o mesmo sentimento de Cristo Jesus" (Fl 1,5). Depois fala do despojamento. Não podemos entender que o despojamento é sentimento; despojamento é atitude concreta, que só pode ser motivada por algum sentimento profundo. E é justamente esse sentimento que está sendo analisado: o sentir-se amado. Pode-se, sem chance de erro, interpretar na atitude de despotismo o reflexo do sujeito mal-amado. Ao contrário, no despojamento, se enxerga um sujeito bem-amado. A intimidade que nos leva a chamar Deus Pai de *Abbá* só existe em quem acredita no amor e deixa-se ser amado como Jesus, o modelo perfeito. Só podemos ser *amados*, se estivermos inseridos em Cristo, o *Amado*. E só há uma consequência à fluência do amor horizontal: o amor ao próximo. João não está apelando para que os *amados* amem, mas está exortando que quem não ama o próximo, não tem o amor de Deus e é, portanto, um é peixe fora d'água, um mentiroso. Esse problema vai perseguir a Igreja até o fim dos tempos, pois a religião pode ser usada como uma veste, apenas. É justamente a capacidade de amar e perdoar que vai identificar quem são os *amados*.

"As águas da torrente jamais poderão apagar o amor, nem os rios afogá-lo. Quisesse alguém dar tudo o que tem para comprar o amor... Seria tratado com desprezo" (Ct 8,7).

Quando se vive a vida como um ciclo de fragmentos que se misturam sem compor uma tessitura sólida, perde-se a noção de esperança e o dinamismo da promessa, pois esta remete sempre a um futuro de felicidade construído passo a passo no presente. É aqui que a fé ilumina o todo de um caminho sem, contudo, estabelecer o tempo exato, pois o tempo faz parte do mistério da promessa. Segue-se em direção de uma terra que será mostrada por Deus e identificada por meio do discernimento do homem.

Mas nem tudo é ruim na mentalidade atual. Onde parece haver somente confusão, podem surgir novas possibilidades. Uma delas é a busca do bem-estar psíquico como prioridade. Estar bem consigo mesmo tornou-se quase uma obsessão, e aqui a fé pode ser uma ajuda poderosa que dispensa toda a inflação da literatura de autoajuda. Se a solução do problema fundamental do ser humano estivesse no próprio homem, a fé não seria uma resposta tão grandiosa nem o *Iluminismo*[13] teria fracassado enquanto fiador da pacificação social. O Iluminismo não soube tratar a questão da felicidade humana nem reconhecer a força do amor. É preciso formar-se nas páginas da Sagrada Escritura para reconhecer que o que dá sentido à vida é a felicidade prometida por Deus a todos os seres humanos na vida presente e futura. Tal felicidade está para além da interpretação material das promessas feitas a Abraão, como posteridade biológica e o dom de uma terra material. Foi no caminhar a cada dia por tantos caminhos que Abraão aprendeu o que significa felicidade para o ser humano. Construiu uma vida discernindo pouco a pouco essa verdade tão substancial. Foi por meio da fé que chegou a entender a natureza da promessa, que o motivou a abrir-se à realização da própria vida. Por isso Abraão é o pai da fé, a primeira grande testemunha de que a obediência da fé constrói vidas profundamente felizes. E a felicidade só pode ser profunda quando atinge o nível psíquico e o núcleo da pessoa. Quando a Escritura diz que *Abraão morreu numa velhice feliz, idoso e saciado de anos*, está afirmando justamente que o Patriarca da fé levou uma vida profundamente feliz e demonstrou no fim da sua existência que Deus cumpriu plenamente o que prometeu. Portanto, a espiritualidade cristã é fundada na promessa, vivida na esperança e testemunhada em toda a vida, mas proclamada na conclusão da história desta vida.

É essa experiência de plenitude que a luz da fé nos dá, possibilitando ver todo o percurso da estrada,[14] imagem da existência da pessoa em sua totalidade[15] e da totalidade de uma existência feliz. É a postura do homem fiel, porque acredita numa promessa que Deus lhe fez, o mesmo Deus que cumpre o que prometeu, conforme as palavras de Agostinho.

---

[13] "Movimento intelectual que caracterizou o pensamento europeu do século XVIII, particularmente na França, Inglaterra e Alemanha, baseado na crença do poder da razão para solucionar os problemas sociais": *Grande Enciclopédia Larousse Cultural*. São Paulo: Nova Cultural, v. 13, 1998, p. 3085. O Iluminismo teve força de representação política no mundo inteiro, depois da Revolução Francesa, pois é uma das bases do conceito de democracia. A fragilidade do Iluminismo está em não reconhecer que a força que transforma a história é o amor, que os cristãos acolhem como dom divino e não como fruto da razão humana. É aí que está a consistência da espiritualidade cristã.

[14] Cf. LF, n. 1.

[15] LF, n. 4.

Por isso o conhecimento que provém da fé é muito mais amplo e profundo do que outras formas de conhecimento, o que não significa que a fé não precise do auxílio de toda ciência verdadeira. Os campos se completam, mas não se confundem, pois a fé chega até onde outras luzes não podem chegar. A grande diferença é que a origem dos outros conhecimentos está dentro da pessoa ou do conjunto das pessoas, mas a fé, como diz o Papa Francisco, "nasce do encontro com o Deus vivo, que nos chama e revela o seu amor".[16] Então o conhecimento da fé brota da verdade do amor. E aqui está o grande dom que não se encontra em outra fonte de saber. Aliás, Deus nos criou justamente para isso: revelar o seu amor. O filósofo e o teólogo se dão as mãos para insistir na pergunta: O que dá sentido à vida, de tal forma que ninguém trate a própria vida nem a vida dos outros de forma banal? Essa pergunta só pode encontrar resposta na integração entre vida eterna e felicidade presente.

---

[16] LF, n. 4.

A EXISTÊNCIA FILIAL

Nutridos pelo vosso sacramento, dai-nos, ó Pai,
a graça de ouvir fielmente o vosso Filho amado,
para que, chamados filhos de Deus,
nós o sejamos de fato.
(Oração depois da comunhão
na Festa do Batismo do Senhor)

Uma existência acima da lei

Com a expressão "existência acima da lei", não estamos dizendo que se trata de uma existência que não cumpre a lei, mas de uma existência que não precisa cumprir a lei porque faz muito mais do que a lei exige. Nesse sentido, a lei é salário-mínimo; a "existência acima da lei" constrói-se na santidade do amor. Paulo diz: "Pois em Cristo Jesus, nem a circuncisão tem valor nem a incircuncisão, mas apenas a fé agindo no amor" (Gl 5,6). Então, ser filho de Deus é um dado existencial, que significa de fato sentir-se amado por Deus Pai. O único reflexo visível desta verdade está na capacidade de amar o próximo: "Amados, amai-vos uns aos outros" (1Jo,1,7).

Uma existência acima da lei, compreendida como existência no amor, semeou o chão da história da Igreja com o sangue dos mártires. A Igreja sempre considerou mártires os santos que não precisam provar a santidade com milagres, pois o grande milagre foi o derramamento do próprio sangue pela fé.

Para compreendermos esse detalhe, podemos ver o pensamento de Bauman sobre quem são os mártires:

> Os mártires são pessoas que enfrentam desvantagens esmagadoras. Não apenas no sentido de que sua morte é quase certa, mas também de que seu derradeiro sacrifício provavelmente não será valorizado pelos espectadores, muito menos receberá deles o respeito que merece: talvez precise esperar muito tempo mesmo para ser reconhecido como um sacrifício em prol de uma boa causa.[1]

Quando o Cristianismo tornou-se celeiro de mártires, nos primeiros séculos de ouro da espiritualidade cristã, havia uma seleção natural para os que entravam nas fileiras dos seguidores de Cristo. Pobres e ricos, senadores e cidadãos do povo se encantaram com a mensagem cristã, a mesma que Paulo levou ao mundo helênico e a proclamou sem se envergonhar com a simplicidade da proposta: existir no amor é resultado do

---

[1] BAUMAN, Zygmunt. *Vidas líquidas*. 2. ed. revista. Rio de Janeiro: Zahar, 2009, p. 58.

fato de sentir-se amado por Deus Pai como o Filho é amado eternamente. A existência de tantos mártires em potencial marcou o início do Cristianismo e sempre marca o início da evangelização em qualquer parte do mundo onde ela se implantou. Devemos sempre nos perguntar: Por que pessoas chegam a esse nível, não só perdendo o medo de morrer, mas de passar pela morte caracterizada como infâmia social? Numa cultura líquida, o martírio perde espaço para uma mentalidade sobejada de racionalismo míope ou fundamentalismo cego. Nem uma coisa nem outra se enquadram nas motivações do martírio cristão. Bauman compara os mártires às lebres, que se recusam terminantemente a caçar como os cães caçadores.[2] E diz ainda:

> Os cães, como sabemos, caçam aos bandos; essa circunstância faz com que a lebre tenha poucas chances, mas não acrescenta sabedoria ou virtude ao ato assassino dos cães, já que nos números não existe sabedoria, muito menos virtude. As acusações lançadas sobre a vítima não se tornam mais verdadeiras por serem proferidas em coro. A verdade estava sempre do lado da vítima.[3]

O Cristo agonizante na cruz rezava algo parecido com a realidade da lebre rodeada de cães caçadores: "Cães me cercam, uma turba de perversos me rodeia, atacam meus pés e minhas mãos como se fora um leão" (Sl 22,17).[4] O autor e consumador da fé fez uma experiência inédita do martírio por amor. Por isso podemos dizer que o Amor foi crucificado e sentiu a experiência mais profunda do que significa morrer por amor. Portanto, uma vida cristã não pode descartar o martírio e a dor de amar.

Ainda persiste a pergunta: O que ganha o mártir cristão com esse comportamento dócil de lebre, que corre se puder, mas que morre, recusando-se a caçar como os cães? A lebre é a vítima e tem sempre a verdade. Ainda nas palavras de Bauman, podemos realmente sentir na pele o que era o martírio cristão no contexto do império pagão:

---

[2] Cf. ibid., p. 57.
[3] Ibid., p. 57.
[4] FRIDLIN, Vitor; GORODOVITS, David; FRIDLIN, Jairo. *Salmos com tradução e transliteração*. São Paulo: Sefer, 1999.

> Martírio significa solidariedade com um grupo menor e mais fraco, discriminado, humilhado, ridicularizado, odiado e perseguido pela maioria – mas é essencialmente um sacrifício solitário, mesmo que provocado pela lealdade a uma causa e ao grupo que a defende. Aceitando o martírio, as potenciais vítimas não podem ter certeza de que sua morte realmente promoverá essa causa e ajudará a garantir seu triunfo [...] Concordando com o martírio, as potenciais vítimas da horda furiosa colocam a lealdade à verdade acima de todos os cálculos de benefícios ou ganhos terrenos (materiais, tangíveis, racionais e pragmáticos), sejam eles genuínos ou putativos, individuais ou coletivos.[5]

O que Bauman diz não fere a certeza cristã de que a verdade sempre vencerá porque o amor contém a verdade. O que pretende o autor é diferenciar o mártir do herói moderno. Vejamos isso com as próprias palavras dele:

> É isso que separa o mártir do herói moderno. O melhor que os mártires poderiam esperar em termos de ganho seria a derradeira prova de sua integridade moral, do arrependimento de seus pecados, da redenção de sua alma. Os heróis, por outro lado, são modernos – calculam perdas e ganhos, querem que seu sacrifício seja recompensado. Não existe nem pode existir algo como um "martírio inútil". Mas nós desaprovamos, depreciamos, rimos de casos de "heroísmo inútil", de sacrifícios sem lucro...

Então podemos desconfiar que esse tipo de heroísmo é líquido, ou seja, heroísmo de consumo. E a persistir a pergunta o que leva o mártir à gratuidade da entrega da vida pela verdade, a resposta é que ele já foi gratificado com a liberdade cristã que lhe concedeu a felicidade de existir. Agora, amparado pela certeza da vida eterna e da ressurreição, enxerga o que vem depois da morte como felicidade plena. Quando Paulo diz que a morte é lucro, não está fazendo retórica, mas falando de uma verdade própria da existência filial de alguém que está com saudade do Pai:

> Pois para mim o viver é Cristo e o morrer é lucro. Mas, se o viver na carne me dá ocasião de trabalho frutífero, não sei bem que escolher. Sinto-me num dilema: meu desejo é partir e ir estar com Cristo, pois isso

---

[5] BAUMAN, *Vidas líquidas*, cit., pp. 58-59.

me é muito melhor. Mas o permanecer na carne é mais necessário por vossa causa. Convencido disso, sei que ficarei e continuarei com todos vós, para proveito vosso e para alegria da vossa fé, a fim de que, por mim – pela minha volta entre vós – aumente a vossa glória em Cristo Jesus (Fl 1,21-26).

Quando o ser humano assimila o amor em seu ser, experimenta a identidade filial, que o torna uma nova criatura, passando a ter uma existência que marca sua presença no mundo de forma positiva e plenamente humana. Existir no amor é a forma mais visível da presença cristã no mundo, porém é uma consequência prática de uma revolução profunda que Deus opera no íntimo da pessoa e a capacita para viver no amor. Se não fosse assim, a fé cristã não teria nada de inédito perante todas as outras propostas de vida moral que sempre existiram na história da humanidade. A existência cristã é uma existência filial porque é o reflexo do novo ser filial que o ser humano recebe gratuitamente. A falta de integração entre ser e existir constitui um dos maiores problemas para a vida na fé e consolidação das Igrejas. A existência cristã é o modo concreto de se viver a eclesiologia do amor: "Amados, amai-vos uns aos outros" (1Jo 4,7). O termo *amados* denota a condição eclesial; o imperativo *amai-vos uns aos outros* é a condição existencial. Uma Igreja que não existe para o amor é Igreja morta. Cristão que não encontra o prazer de amar, é cristão morto.

A eclesiologia do "discípulo amado", muitas vezes interpretada como dimensão afetiva e não como dimensão teológica, não se refere à amizade particular que, como ser humano, o Cristo tinha o direito de ter. Se assim fosse, não seria relevante para a Escritura registrar em testamento. Trata-se antes de uma sólida eclesiologia fundada no amor de Deus em toda a sua dimensão trinitária. Se o fundador da Igreja é o Amado do Pai, os seus discípulos só podem ser também *discípulos amados*. O sujeito desse amor é Deus Pai, que ama o Filho e que nos ama no Filho. Foi justamente João quem expressou o Mandamento do amor, no âmbito da última ceia, como resumo de toda a Lei e dos profetas, deixando bem claro que o amor com que os cristãos devem se amar é o amor com que o próprio Cristo nos ama: o amor do Pai.

Este amor, portanto, é a condição e a capacidade ofertadas para que possamos amar. Por isso João trata a Igreja como a comunhão dos amados e deixa muito claro que só há uma consequência em ser amado por Deus Pai como o Filho o é eternamente: amar o próximo. Sabemos por experiência e por ciência que só ama quem se sente amado, ou seja, quem tem amor para dar. E essa é a lógica de João: quem acolhe o amor de Deus deve amar o próximo, como dado da fé e não como virtude moral. Por outro lado, quem não ama o próximo e afirma que ama a Deus é um mentiroso. Todas as grandes estruturas religiosas que precederam o cristianismo ensinaram o amor como virtude moral. Mas o Cristianismo ultrapassou o liame moral, entrando na área mesma da psique. Por isso o amor é virtude teologal. Quando o amor nos possui, somos impelidos a amar. Se não o fizermos, teremos que expulsá-lo do nosso coração. Isso não anula o livre-arbítrio, fazendo das pessoas amantes compulsivos, porque o amor tem processos e implica constante decisão. Daí a necessidade da atualização litúrgica pela força dos sacramentos e da oração permanente. Faz o arbítrio gerar constantes decisões. Se não agir pelo amor (cf. Gl 5,6), a fé cristã pode ser questionada, no sentido moral, mas no sentido psíquico. Para o cristão, amar não é um dever moral somente, mas uma consequência psíquica da fé, que só é autêntica quando age no amor. O amor de Deus é concreto e real; está em nosso coração de batizados. Mas o amor só pode transformar a nossa existência quando é sentido, e isso é um fenômeno psíquico. Amor que não vira sentimento profundo é amor não correspondido. Amor não *com-sentido* é amor ignorado. É como alimento não digerido. Portanto, correndo todos os riscos de se confundir com sentimentos que brotem das instâncias humanas da própria psique, o amor de Deus faz parcerias com o ser humano e só pode ser comprovado pelos frutos da árvore. Para isso também é necessário que haja tempo de caminho. Na verdade, é um processo de formação. O amor de Deus não assimilado não pode agir na pessoa.

O preço que a Igreja já pagou com os escândalos prova isso. Confiar em pessoas acreditando que simplesmente por assumirem compromisso moral estão isentas de escândalos é incompreensão da fé. Compromisso moral numa estrutura psíquica doente não tem autonomia. Quem nos dá condição de amor é o Amor acolhido na totalidade do ser humano, em cujo núcleo está a psique. Maior atenção é preciso no campo da formação, sobretudo para os ministros sagrados. Mais uma vez repetimos, João é perfeito na expressão da eclesiologia que tem como fonte o Amor: "Amados, amemo-nos uns aos outros" (1Jo 4,7). O vocativo "amado" no plural é o que dá a condição eclesial. Trata-se de toda a Igreja, composta de discípulos amados, cuja missão no mundo é amar, enquanto anúncio profético e testemunho comprovado. Ser amado por Deus Pai como o Filho o é eternamente é um princípio teológico; sentir-se como tal é um princípio psíquico. Se o princípio teológico e o princípio psíquico não corresponderem, teremos a situação esdrúxula que gera o princípio do escândalo. A comunidade primitiva estava tão consolidada nessa comunhão dos princípios que os escândalos e as defecções eram exceção. Porém, quando outros interesses levaram multidões a optar pelo Cristianismo, a qualidade da fé decaiu e a comunhão dos princípios também. Por isso a coerência entre liturgia e vida tornou-se frágil e o Catolicismo perdeu resistência. Porém, temos certeza de que a eclesiologia do amor reforça a espiritualidade cristã e o tecido de toda a Igreja. É nisso que nos fiamos totalmente. Quando o amor do Pai atinge o núcleo da pessoa, ela não ama o mundo, pois, como diz João: "se alguém ama o mundo, não está nele o amor do Pai" (1Jo 2,15). Não é puramente uma questão de dizer ao crente que tem de reprimir os impulsos escandalosos, mas de perguntar por que tais impulsos fazem parte do seu ser. Paulo definiu muito bem essa questão em que o princípio teológico e o princípio psíquico se entrelaçam, quando afirmou: "Com efeito, os que vivem segundo a carne desejam as coisas da carne, e os que vivem segundo o Espírito desejam as coisas que são do Espírito" (Rm 8,5). Paulo afirma isso depois de dizer que a vocação à liberdade não pode servir de pretexto para a carne (cf. Gl 5,13). Segundo Paulo, só há condições de prestar serviço mútuo quando a pessoa está sob o influxo do amor de Deus: "pelo amor (*agape*), colocai-vos a serviço uns dos outros" (Gl 3,13). É outra forma de se dizer: "amados, amai-vos uns aos outros" (1Jo 4,7). Portanto, somente mediante uma consolidação ontológica é que se pode viver uma existência consolidada. Em outras palavras, a *existência filial* depende fundamentalmente da ontologia filial que Deus estabelece em nós como dom gratuito. Mas o dom gratuito pode ficar blindado pela falta de identificação com o amor doado. É um ato de fé acreditar que a vontade humana é direcionada para a caridade quando o amor de Deus comanda nosso ser, dando a dimensão profunda da liberdade cristã: "É para a liberdade que Cristo nos libertou" (Gl 5,1).

Se a pessoa tem sua estrutura psíquica prisioneira de vícios e deformações, nela o amor de Deus não pode comandar, embora a pessoa possa professar esse amor como dado da fé. Esse elemento da espiritualidade cristã, a nosso ver, está muito descurado. O moralismo é muito forte na Igreja e constitui a pior distorção da fé. Impede que o sacramento da Reconciliação seja exercido como sacramento de cura e sim de punição moral. Há sempre possibilidade de acolhimento do amor divino, mas é preciso que a pessoa tenha consciência de suas resistências psíquicas, para colocar-se humildemente em postura de acolhimento da fé. A restauração sacramental da Reconciliação estabelece o retorno ao espírito filial da condição batismal. Se não sairmos das celebrações sacramentais com uma renovada consciência de sermos profundamente amados por Deus, alguém está deturpando a fé da Igreja e impedindo que os santos remédios sejam aplicados aos enfermos pelo pecado.

Se a experiência mais característica de Jesus foi relacionar-se com o Pai, chamando-o de *Abbá*, e se o centro da experiência cristã está na reprodução desta mesma experiência no cristão, parece que temos de mudar não só o foco da mística, mas da própria Teologia, que muito pouco se tem dedicado ao estudo da relação amorosa de Jesus com o Pai.

Para a existência cristã, a conexão entre amor paternal e amor filial acontece no caminho luminoso da fé e gera uma espiritualidade que representa um "passo à frente", pois, como diz o Papa Francisco, constitui-se como memória do futuro e não do passado, pelo fato mesmo de ser fundada numa promessa, cuja realização orienta para a esperança.[6] Normalmente, a memória funda-se no passado, porém a fé é baseada numa promessa de felicidade a ser alcançada, que, "enquanto memória do futuro, está intimamente ligada com a esperança".[7] O futuro não se refere somente ao que está para além desta vida, mas inclui o que podemos atingir durante nossa história pessoal em termos de qualidade de vida. Mas isso depende da expansão do nosso ser. Daí o sentido teológico do novo ser, adquirido pela fé. A fé autêntica nos torna necessariamente melhores, mais ajustados e abertos ao relacionamento humano de qualidade. Então,

---

[6] Cf. LF, n. 11.
[7] LF, n. 11.

a promessa aponta para uma felicidade que concretamente significa a plenitude da realização humana neste mundo e a plenitude da realização do amor filial diante de Deus, na eternidade. Foi a compreensão desse mistério que atraiu milhares de pessoas desde o início do Cristianismo e gerou o princípio do martírio, já anunciado pelo salmo e cantado na liturgia: "O teu amor vale mais do que a vida" (Sl 63,4). Não se trata, pois, da vida como dom, senão seria um princípio suicida, mas da vida que pode ser arrancada pelas forças do mal. Então, diante de uma decisão de manter a vida ao preço da renúncia ao amor de Deus, a resposta é: "O teu amor vale mais do que a (esta) vida". O desafio, que para os não crentes gera perplexidade, é entender como subsiste a promessa de felicidade, quando a vida pode ser tolhida. Mas aí está a dimensão mais poderosa da fé, a qual garante que a vida seja radicalmente doada também nas pequenas coisas e atitudes que abraçamos no comum do dia a dia. Esse é o modo de existência dos que acreditam na promessa e que caracteriza a espiritualidade cristã. É isso também que dá ao cristão o espírito de provisoriedade que faz parte do ser peregrino neste mundo, vivendo aqui, mas buscando outra pátria, que não está neste mundo. O que nos move, portanto, é a fé no Amor (princípio teológico), que se torna experiência psíquica (princípio psíquico), fazendo que os cristãos sejam alegres e atraentes por seu comportamento amistoso com os de fora e fraterno com os da comunidade, a ponto de gerar por parte dos pagãos a clássica observação, segundo a patrística: "Vejam como eles se amam".[8]

O dom do amor paternal divino, ao ser acolhido no coração humano, faz brotar o amor filial, que coincide com o mesmo amor que o Filho devota eternamente ao Pai em resposta ao amor que o gera infinitamente. Nesse entrelaçamento entre amor paternal e amor filial está a felicidade divina vivida no âmbito da Santíssima Trindade e a que todos aspiramos, muitas vezes, sem ter consciência do que significa para a existência humana. No entanto, nossos anseios profundos e nossos problemas, em sua raiz, denunciam uma sede de Deus que habita o coração humano. A natureza do amor paternal mantém sempre o protagonismo da iniciativa de "amar primeiro", e a natureza do amor filial constitui-se sempre como amor de resposta. Desde Abraão até nós, vive-se a fé nesta verdade que

---

[8] TERTULIANO. *Apologético* 39, CCL, 1,151.

entrelaça dois princípios: o princípio teológico, fundado na certeza de que Deus nos ama, e o princípio psíquico, baseado na experiência concreta desse amor, ou seja, na capacidade de sentir que somos amados por Deus. Por isso os cristãos colocam toda a sua existência nessa perspectiva de plenitude e se unem a Cristo como um galho num tronco[9] para receber o mesmo amor que, enquanto *Filho de Deus*, ele recebe eternamente, e percebem nesse amor a realização do anseio mais profundo que todo ser humano carrega nesta vida. Esse anseio, segundo o Papa Francisco, estava em Abraão quando Deus o chamou à fé e o mandou deixar sua terra em busca de outra que lhe mostraria ao longo do caminho.[10] Abraão percorreu muitas terras, inclusive a que seria dos seus descendentes futuramente, mas ele mesmo morreu sem possuir terra alguma, a não ser uma posse funerária. Carregava, no entanto, a certeza de uma grande recompensa (Gn 15,1), que foi traduzida nas seguintes palavras: "quanto a ti, em paz, irás para os teus pais, serás sepultado numa velhice feliz" (Gn 15,15). A palavra paz, em sua etimologia hebraica, não significa tranquilidade, mas plenitude e realização humana. E foi exatamente assim que Abraão chegou ao final da sua história: "morreu numa velhice feliz, idoso e saciado de anos" (Gn 25,8). Como herdeiros da mesma promessa, os cristãos acreditam que ela foi feita em virtude de Cristo e que mesmo Abraão já estava voltado para Cristo, em quem encontrou a felicidade, embora não fosse chegada ainda a plenitude do tempo. Por isso disse Jesus: "Abraão exultou por ver meu dia. Ele viu e alegrou-se" (Jo 8,56). A esse respeito, diz o Papa Francisco: "De acordo com estas palavras de Jesus, a fé de Abraão estava orientada para ele. De certo modo era a visão antecipada do mistério".[11]

O humor dos cristãos

O humor é uma das qualidades mais atraentes dos cristãos, ou seja, dos amados. Em primeiro lugar, é necessário dizer que a raiz do humor

---

[9] "Eu sou a videira e vós os ramos" (Jo 15,4).

[10] Cf. LF, n. 11.

[11] LF, n. 15.

é o amor que acolhemos da parte de Deus Pai. Dessa forma, o humor não é em si uma virtude moral, mas uma manifestação do novo ser que recebemos gratuitamente do Pai, por meio de Jesus. O humor, portanto, está no ser da pessoa e se manifesta a agir, mas não se funda na ação. Só o amor pode construir o bom humor. O que sustenta o bom humor cristão é a intimidade amorosa que cada seguidor de Cristo constrói em sua relação com o Pai, ao modo do Filho. O humor profundo se sustenta até na hora da morte. Quando Paulo diz que "morrer é lucro", não está fazendo retórica, mas manifestando uma verdade da fé, que, por ser luminosa, nos faz enxergar, além do inteiro arco desta existência, também o que está por vir depois dela. Do mesmo modo, quando Inácio de Antioquia, na iminência do martírio, diz aos romanos que deseja ardentemente ser trigo triturado pelos dentes das feras, também não está fazendo retórica, mas dando um belíssimo testemunho de fé. Então, o que foi anunciado pelo salmo, que diz: "teu amor vale mais do que a vida" (Sl 63,4), se realiza no Novo Testamento na vida dos que acreditam na pessoa e na obra de Jesus Cristo.

As pessoas ficam sem chão na hora da morte, se não tiverem fé. Isso pode acontecer muito frequentemente com os cristãos que não amadurecerem a fé. Em nosso esquema de compreensão da vida cristã, acontecem constatações dessa natureza quando o amor que constrói o ser filial não é ruminado no processo de construção da identidade filial. Com certeza a existência filial fica comprometida. Justamente é na hora dos problemas e das provações que se pode perceber o nível de fé em que a pessoa vive sua crença. E na hora da morte, sobretudo quando ela vem pela via do martírio, é quando se espera o testemunho máximo da fé. Se na iminência da morte uma pessoa conserva seu humor, como aparece nas Atas dos Mártires, só se pode tirar uma conclusão de fé madura. Segundo a tradição, o diácono Lourenço manteve o humor em tão alto nível que, tendo o corpo grelhado de um lado, teria dito aos torturadores que podiam virá-lo para o outro lado, pois aquele já estava assado. Não é preciso comprovar ou não se há exagero no que se diz de Lourenço, pois a mensagem central já está dada: os cristãos conservam o bom humor, mesmo diante da morte violenta. Então o bom humor da fé é o milagre de todos os dias na vida cristã. Parece que essa dimensão não tem sido bem cultivada em nossa vida atual nem pelos mecanismos do mundo nem pelos mecanismos cristãos. Numa sociedade líquida, o humor também perdeu sua solidez, pois se mata com assustadora banalidade. Por outro lado, não se tem um trabalho eclesial sobre o valor do humor na vida cristã. Parece que o estresse entrou na vida da Igreja e não se percebeu que esse estresse não está diretamente ligado à carga de trabalhos, mas muito mais à falta de unidade e sentido do que se faz. Considerando-se que o que dá a unidade da vida e das atividades decorrentes dos compromissos e metas é o amor, então o estresse está mais diretamente ligado aos vazios de perspectivas e à falta de amor com que se fazem as atividades de cada dia. O humor faz parte das desinstalações psíquicas que permitem à pessoa ter agilidade interior. É reflexo do movimento interno que caracteriza o ser dos cristãos. O verdadeiro movimento é movimento do ser, e não movimento físico. Este pode ser apenas uma compensação da falta de movimento exterior, ao modo do peão, que, se não jogado com impulso, não se mantém de pé rodando de forma equilibrada. Portanto, excesso de movimento exterior pode significar falta de movimento interior. Será que o estresse não vai também por esse caminho? Portanto, para dar plenitude à vida de Abraão, Deus o desinstalou, a fim de que também seu humor pudesse ser reconstruído.

"Sai da tua terra, da tua parentela e da casa do teu pai, para a terra que eu te mostrarei" (Gn 12,1). Essa foi a ordem que Abraão recebeu de Deus, ordem dada de forma imperativa e acolhida na obediência sem meios-termos ou senões. Era preciso iniciar imediatamente o êxodo que definiu não apenas a história de um clã, mas de toda a humanidade. Que êxodo foi esse tão importante assim?

Trata-se de um êxodo interior, construído passo a passo por um êxodo exterior, caracterizado pela migração "da terra para terra". A terra que ficava para trás era a terra de Harã; a terra que futuramente seria mostrada a Abraão era a terra de Canaã. Na terra de Harã, Abraão tinha tudo o que significava o chão da natureza humana, simbolizado pela parentela e pela casa paterno-materna. Era uma espécie de útero, do qual a criança não sai sem ser forçada a realizar o êxodo da vida. Harã significava segurança; Canaã, desafio. Harã, comodidade; Canaã, crescimento.

Por isso o êxodo de Abraão não era fuga, mas processo de crescimento, o que se dá sempre na linha da expansão, sem perda da essência.

A estabilidade profunda do patriarca sempre foi preservada. Só quando unimos estabilidade e crescimento, segurança e desafio, é que entramos na dança da vida. Mas há certos momentos em que, se não houver partidas, a finitude da estabilidade adquire aspecto mortal. É dessa forma que a criança nasce num inexorável efeito-expulsão, para conhecer o sol e ser dada à luz. Somente assim ela perceberá que o útero era escuro e que o que pensava ser luz era apenas a penumbra da comodidade. Dizem que a águia, quando é chegada a hora, joga seu bebê das alturas para que aprenda a voar, tendo de escolher entre a vida e a morte, do contrário, não sairia da comodidade do ninho. É dessa maneira que Deus colocou Abraão no deserto, para construir uma nova estabilidade psíquica, na qual o desafio transformou-se num constante risco, a ponto de se tornar o desafio de cada dia. Abraão não estava só; carregou consigo seu passado, suas ligações afetivas mais profundas, representadas por Sarai, servos e bens que não atrapalhariam sua mobilidade. Abraão passou a viver na austeridade de quem carrega apenas o necessário, evitando acúmulos de contrapeso. Aqui nasce o princípio do *unum necessarium*, que virá à tona no episódio neotestamentário de Marta e Maria, quando esta se pôs devotamente a ouvir o Senhor, enquanto aquela se ocupou com detalhes úteis, mas secundários e reclamou com Jesus como se ele estivesse atrapalhando o trabalho de sua irmã.

Desde que tirou os pés de Harã, Abraão enfrentou desafios e nunca mais teve sossego, pois a terra que Deus mostrou-lhe em Canaã era uma terra de passagem, símbolo da amplidão do que hoje sabemos ser um pequeno planeta num universo em expansão. Nesta vida, tudo é passagem. A terra onde fincaremos os pés para sempre é escatológica, cujo conceito etimológico traz justamente a ideia de últimas realidades, ponto final, chegada. Não está aqui esse porto onde se aporta para sempre, pois essa vida é construída de partidas e chegadas. Assim foi a vida de Abraão, nosso pai na fé. O seu êxodo da terra para a terra só terminou quando ele descansou em sua pequena posse funerária, onde foi reunido à sua parentela. Portanto, Canaã é mais do que um pedaço de chão, é símbolo da eternidade, terra que nunca será de passagem, mas de descanso depois do desassossego de tantas andanças, como as de um circo, que não tem parada no seu destino de fazer graça. É por isso que, enquanto existirem crianças no mundo, haverá circo, porque elas são mestras em achar graça, qualidade que perdemos com a vida adulta, tornando nossa própria vida sem graça.

Era um êxodo da terra para a terra. Tratando a questão como um êxodo interior que o ser humano realiza por meio do amor. Então, que terra era essa que Abraão tinha de abandonar como início do acordo que sustentava a promessa? Coloquemos os parâmetros na polarização entre natureza humana e natureza divina, amor humano e amor divino. Este é essencialmente oblativo e voltado para fora, aí está a grande diferença em relação ao amor humano. O verbo sair foi a primeira palavra que Deus falou a Abraão. Esta é a palavra que dá a conotação do êxodo. O ponto de chegada não é dado, mas será mostrado no futuro. No presente o que reina é a partida. E Abraão parte. A terra que Abraão deixava era sua terra, a terra dos seus pais e de sua parentela. Estas três categorias da individualidade humana denotam o *eu* de cada pessoa. Portanto, a terra que Abraão deixava era a terra da comodidade do seu ego, terra de muitas risadas; já a terra que buscava era a terra do riso, qualidade essencial para a vida humana fluir no prazer de existir. Saber achar graça é um dom da inteligência e da abertura ao diferente. É a terra do riso ou do sorriso que Abraão buscava, pois nem sempre a risada reflete bom humor. Pode ser, por exemplo, uma descarga de tensões por conta de *bullying*, hoje considerado o pior mal nas escolas. O riso só tem sentido quando representa um autêntico prazer, sem sacrificar ninguém. No caminho para a Terra Prometida, Abraão, Sara e Isaac construíram o patamar do riso prometido, aquele que denota o bom humor de temperamentos ajustados, de gente que está de bem com a vida, porque está em comunhão com Deus. Segundo o Gênesis, Abraão tinha 75 anos quando deixou Harã e, com 90 anos, ainda não tinha um herdeiro, sempre reafirmado nas promessas de Deus como um texto sem fim. Vinte e quatro anos passados, a promessa se realizava sem Abraão perceber, pois a personalidade do Patriarca estava profundamente retocada por Deus em suas constantes idas e vindas pelos caminhos da promessa. Mas não era ainda o filho, que só nasceu vinte e cinco anos depois, quando tudo parecia impossível de se realizar. O tempo da espera é uma das características mais profundas das promessas divinas. Porém, a verdadeira promessa pode estar se realizando sem que a pessoa perceba.

Era chegada a hora da mudança dos nomes: Abrão para Abraão e Sarai para Sara. O nome correspondia ao ser e à vida da pessoa. "Segundo a concepção antiga, o nome não apenas designa, mas determina a natureza."[12] Isto significa que as naturezas de Abraão e Sara já estavam mudadas. Abraão significa "pai de multidões" e Sara, "mãe de reis". O Deus que fala com Abraão para selar a aliança mediante o sinal da circuncisão é El Shaddai (cf. Gn 17,1), que provavelmente significava "uma apelação divina que correspondia ao modo de vida".[13] Portanto, era o Deus da vida, ou o Deus que exige que a vida seja de acordo com a aliança. E vida não é basicamente comportamento externo, mas movimento interno que emite sinais exteriores. É aqui que o riso pode denotar uma imensidão de vida interior. É curioso que o riso seja fruto de uma vida interior que pulsava em Abraão e não de *Abrão,* em Sara e não de *Sarai*. Ambos já eram novas criaturas, quando aparece o riso em suas vidas. Com isso queremos reforçar que a terra prometida é a terra interior, feita de risos e não de risadas. Não que elas sejam proibidas, mas nem sempre são sinais de amor, às vezes, muito mais sinais de gozação e zombaria, pois, como diz o Salmo 1,1: "Feliz o homem que não se assenta na roda dos zombadores".

O primeiro a rir foi Abraão, quando lhe foi anunciado por Deus que também o nome de sua esposa Sarai seria mudado para Sara, pois dela sairiam *reis de povos*. "Abraão caiu com o rosto por terra e pôs-se a rir" (Gn 17,17). Diz a Bíblia de Jerusalém que "o riso de Abraão exprime menos a incredulidade do que o espanto diante da enormidade da promessa".[14] Trata-se, portanto, de um riso de bom humor de quem acha engraçado ouvir uma promessa daquela enormidade diante das condições precárias para sua realização. Riem-se dessa maneira os que riem de si mesmos por estarem de bem com a vida, apesar dos limites que ela apresenta.

Sara foi a segunda a rir. Ocorreu quando, sob o carvalho de Mambré, a visita trinitária de Deus apossou-se do coração de Abraão. Essa visita tornou-se "o hóspede" de Abraão. O jogo entre o plural e o singular denota a trindade e a unidade de Deus, pois o texto diz: "Eles perguntaram: 'onde está Sara, tua mulher?'" (Gn 18,9). A seguir – agora

---

[12] Nota *g*, referente a 17,4, p. 54.
[13] Nota *f*, referente a 17,1.
[14] Nota *c*, referente a 17,17, p. 55.

no singular –, "o hóspede disse: 'Voltarei a ti no próximo ano; então tua mulher Sara terá um filho'" (Gn 18). Foi quando Sara, que ocultamente escutava a conversa, riu de si mesma, pois já tinha idade avançada. A Bíblia de Jerusalém diz que o riso de Sara também não foi por falta de fé, pois nem a identidade dos visitantes ela conhecia; foi porque achou engraçado. Diz o texto que Sara riu no seu íntimo, ao considerar a amplitude da promessa diante da real situação do casal. Então o riso de Sara foi o riso do bom humor de quem não está em conflito consigo mesmo. Essa é a única razão pela qual Sara não foi castigada, como costumava acontecer com os que zombavam ou duvidavam de Deus no Antigo Testamento. Sara nunca mais parou de rir, e, quando a promessa foi cumprida, ela disse: "Deus me deu motivo de riso, todos os que o souberem rirão comigo" (Gn 21,6). Ficamos sabendo dessa história e partilhamos o riso de Sara e comungamos com seu bom humor.

Mas o fundamento de todos os risos, o riso de Deus, veio com Isaac, que seria a forma abreviada de *Yçhq-EL*, cujo significado é "Que Deus sorria, seja favorável".[15] Então, finalmente nasce o herdeiro da promessa e anunciador da graça, trazendo no próprio nome o humor de Deus. No trio Abraão, Sara e Isaac está o rosto humano em busca do riso de Deus, riso eterno promovido pelo amor. O riso é o eterno humor de Deus, humor que está na Terra Prometida, terra buscada por Abraão e por todos nós, seus herdeiros e crentes na pessoa e na obra de Jesus Cristo. Somos a geração que ri eternamente o riso de Sara, estampado no ser de Isaac, como o riso de Deus que aflora no rosto de Cristo. Rimos agora com Maria, a *cheia de graça*, e por isso bendita entre todas as mulheres, porque o fruto de que Isaac era tipo floresceu na aurora da redenção. Vamos rir por todos os séculos e manter no rosto um sorriso que mostre a beleza de Deus enfeitando o rosto humano.

É por isso que uma vida cristã que não constrói o riso é uma vida falsa e sem fundamento bíblico; não está a serviço da promessa. Quanta gente amarga fala de Deus, sem saber que está cometendo um erro, pois o primeiro sinal de Deus é o riso autêntico, sinal que antecede a palavra para dar-lhe clima de acolhida. Nesse sentido, um vetor essencial da promessa é o bom humor.

---

[15] Ibid.

A modo de conclusão: o culto filial

> Que o nosso culto filial nos leve à glória do céu.
> (Oração sobre as oferendas do 28º Domingo do Tempo Comum)

A grande conclusão a que chegamos ao final desta pesquisa é que o culto cristão só pode ser um *culto filial*. E assim ficou mais clara a estrutura do culto da Igreja.

Conscientes do espírito filial que nos configura a Cristo e nos faz viver a existência filial neste mundo, o culto da Igreja é estruturalmente um culto filial de natureza trinitária, ou seja, um culto trinitário-filial. Nesse sentido, afirma o Missal Romano, "conforme antiga tradição da Igreja, a oração costuma ser dirigida a Deus Pai, por Cristo, no Espírito Santo".[16] Este é o formato correto da oração da Igreja: dirigido ao Pai, pelo Filho, no Espírito Santo. Por isso a liturgia da Igreja é uma escola de oração, fundada na evangelização em vista do amor de Deus: "Da evangelização realizada com o auxílio de Deus brotam a fé e a conversão inicial, pelas quais a pessoa se sente chamada do pecado ao mistério do amor de Deus".[17]

A nossa natureza filial é alimentada pelo amor paternal que Deus nos concede sem interrupção. Isso significa que precisamos nos sentir amados continuamente para termos condições mínimas de amar. O sentimento de ser amados nos dá o humor necessário para manter relações, superar conflitos, cultivar o espírito propositivo e interativo. Segundo a liturgia, o ser humano precisa tomar consciência de sua condição filial, ou seja, de sua necessidade de sentir-se amado, para que todos os outros problemas encontrem solução, na medida em que o amor dá estabilidade afetiva para levar a vida com alegria. A liturgia deixa bem claro que a

---

[16] IGMR, n. 54.

[17] Observações preliminares gerais sobre a iniciação cristã, n. 10. In: CNBB. *As introduções gerais dos livros litúrgicos*. São Paulo: Paulus, 2003. pp. 19-138.

felicidade completa só existe no serviço a Deus: "[...] só teremos felicidade completa, servindo a vós, o criador de todas as coisas".[18]

As promessas de Deus que foram feitas a Abraão consistem na felicidade de uma vida fecunda como a do Patriarca da fé. Por isso a Igreja pede a graça de que seus filhos vivam a liberdade cristã que lhes permita correr ao encontro de tais promessas: "[...] fazei que corramos livremente ao encontro de vossas promessas".[19]

O papel da graça é fundamental. Ela é que move a vontade humana para Deus: "[...] sempre nos preceda e acompanhe a vossa graça".[20]

Por isso, quando a oração da Igreja nos mantém em comunhão direta com Deus Pai, pelo Filho, no Espírito Santo, está profeticamente nos fazendo viver como a Trindade vive eternamente. O Batismo é visto como um sacramento de recuperação da condição filial destruída pelo pecado: "[...] tendo recuperado agora com alegria a condição de filhos de Deus [...]".[21] E assim a liturgia do Tempo Pascal vai delineando a condição representada pela filiação adotiva. É a condição dos redimidos e adotados filialmente: "Ó Deus, Pai de bondade, que nos redimistes e adotastes como filhos e filhas [...]";[22] "Ó Deus, Pai de todos os fiéis, vós multiplicais por toda a terra os filhos da vossa promessa, derramando sobre eles a graça da filiação [...]".[23] Trata-se de um amor que revoluciona a nossa afetividade, como diz a oração:

> Ó Deus de misericórdia, iluminai nossos corações purificados pela penitência. E ouvi com paternal bondade aqueles a quem dais o afeto filial.[24]
>
> Confiados, ó Deus, no vosso amor de Pai, acorremos ao altar com nossas oferendas; dai-nos, por vossa graça, ser purificados pela Eucaristia que celebramos.[25]

---

[18] Oração do dia do 33º Domingo do Tempo Comum.
[19] Oração do dia do 31º Domingo do Tempo Comum.
[20] Oração do dia do 28º Domingo do Tempo Comum.
[21] Oração do dia do 2º Domingo da Páscoa.
[22] Oração do dia do 5º Domingo da Páscoa.
[23] Oração depois da segunda leitura da Vigília Pascal.
[24] Oração do dia da 5ª semana da Quaresma.
[25] Oração sobre as oferendas do 9º Domingo do Tempo Comum.

Ó Deus eterno e onipotente, que nestes dias vos mostrais tão generoso, dai-nos sentir mais de perto o vosso amor paterno para que, libertados das trevas do erro, sigamos com firmeza a luz da verdade[26] (3ª semana da Páscoa, quinta-feira, oração do dia).

O culto filial é parte da natureza da liturgia e consiste na entrega a Deus Pai sem reservas e sem resistência a seu amor. É sob o olhar paternal de Deus que o ser humano se sente criança protegida e mimada, e brinca o tempo todo: "Eu estava junto com ele como mestre de obra, eu era o seu encanto todos os dias, todo o tempo brincava em sua presença" (Pr 8,30).

Brincar na presença de Deus é uma atitude tipicamente filial. É o que Romano Guardini identificava como o espírito da liturgia.

Para atingir esse nível de entrega, é preciso depositar na presença de Deus o próprio ser, como faz uma criança nos ombros do Pai. É preciso renunciar ao desejo de ser o dono do próprio destino e aceitar que Deus o conduza, sendo ele mesmo o responsável pelas primeiras intuições da vontade. O Missal Romano defende essa tese em todas as suas orações. Quem faz é Deus, não somos nós: "[...] fazei que corramos livremente ao encontro da vossa vontade";[27] "[...] dai-nos amar o que ordenais";[28] "[...] dai-nos a graça de estar sempre ao vosso dispor";[29] "[...] fazei que [...] consigamos chegar um dia à vida eterna".[30]

---

[26] Oração do dia, na quinta-feira da 3ª semana da Páscoa.
[27] Oração do dia do 31º Domingo do Tempo Comum.
[28] Oração do dia do 30º Domingo do Tempo Comum.
[29] Oração do dia do 29º Domingo do Tempo Comum.
[30] Oração do dia do 25º Domingo do Tempo Comum.

Considerações finais

O ser filial é o dom maior que Deus nos concede por meio do mistério pascal, levado a termo pela pessoa e pela obra de Jesus Cristo. Este estudo ajuda o leitor a reavivar em sua espiritualidade a memória batismal, a fim de lançar-se com mais empenho na busca da identidade cristã, em vista da existência cristã numa cultura líquida e pagã que marca os nossos dias globais. É assim que reconstruímos a vida cristã.

O Cristianismo tem muito a dizer e oferecer para o homem de hoje, como sempre fez em toda a história dos dois milênios anteriores. Nesse sentido, este livro pode servir à "nova evangelização" que a Igreja busca nas últimas décadas com tanto esmero. Com certeza, a vida cristã é um dom que não pode perder o seu brilho. É justamente nas trevas de uma cultura líquida que a luz deve brilhar mais ainda.

Por isso queremos ver em nossa cultura líquida mais oportunidade do que empecilho para a nova evangelização, que, com certeza, significa a retomada da pregação e da mística vivencial do amor de Deus no mundo atual.

Conjugando ser filial, identidade filial e existência filial, só podemos celebrar um culto verdadeiramente filial, culto em que as pessoas, com toda a sua falta de compensação, são restauradas e devolvidas às lidas diárias com mais alegria e vigor, por causa do amor de Deus, que não é metáfora mas realidade viva.

Referências bibliográficas

AGOSTINHO. Enarrationes in psalmos 1-50.32.II, s. 1,9. *Comentários aos salmos (Enarrationes in psalmos) salmos 1-50*. São Paulo: Paulus, 1997.

BAUMAN, Zygmunt. *Vidas líquidas*. 2. ed. revista. Rio de Janeiro: Zahar, 2009.

_____. *Amor líquido*, sobre a fragilidade dos laços humanos. Rio de Janeiro: Zahar, 2004.

CNBB. Introdução Geral sobre o Missal Romano. In: *As introduções gerais dos livros litúrgicos*. São Paulo: Paulus, 2003, pp. 99-173.

COSTA, Valeriano Santos. *O amor de Deus* teologia da redenção. São Paulo: Palavra & Prece, 2012.

FRANCISCO. *Carta encíclica Lumen fidei*. São Paulo: Paulinas, 2103.

FRIDLIN, Vitor; GORODOVITS, David; FRIDLIN, Jairo. *Salmos com tradução e transliteração*. São Paulo: Sefer, 1999.

JUSTINO DE ROMA. *Diálogo com Trifão,* 121, 1. São Paulo: Paulus, 1995.

PEREIRA, William Cesar Castilho. *O sofrimento dos presbíteros*; dor institucional. Petrópolis/Belo Horizonte: Vozes: PUC-Minas, 2012.

SANTA TERESA DO MENINO JESUS. *Manuscritos autobiográficos*. Trad. Carmelo do I. C. de Maria, 1960.

SAVELLI, Pedro. *Batismo e Eucaristia*; os sacramentos na perspectiva da deificação. São Paulo: Palavra & Prece, 2013.

ZUBIRI, Xavier *Naturaleza, historia, Dios.* 13. ed. Madrid: Alianza Editorial/Fundação Xavier Zubiri, 2007.

Impresso na gráfica da
Pia Sociedade Filhas de São Paulo
Via Raposo Tavares, km 19,145
05577-300 - São Paulo, SP - Brasil - 2014